MICAELA SCHÄFER, geboren 1983 in Leipzig, ist Erotik-Model und DJane. Bekannt wurde sie v. a. durch ihre Auftritte in den Sendungen *Germany's Next Topmodel* und *Ich bin ein Star – Holt mich hier raus!* Parallel startete sie erfolgreich ihre Modelkarriere und überzeugte mit Fotoserien in *Playboy*, *Penthouse* und *Men's Health*. Sie ist das Werbegesicht der Erotikmesse Venus und füllt als DJane LaMica die großen Clubs in Deutschland, Österreich und der Schweiz sowie die Megaarena auf Mallorca. Micaela Schäfer wohnt in Berlin.

www.micaelaschaefer.de
www.facebook.com/MicaelaSchaefer

Micaela Schäfer

Lieber nackt als gar keine Masche

WILHELM HEYNE VERLAG
MÜNCHEN

Alle Fotos im Innenteil – bis auf S. 16 © Thomas & Thomas –
sind von Micaela Schäfer: © privat.

Verlagsgruppe Random House FSC® N001967
Das FSC®-zertifizierte Papier *Holmen Book Cream*
liefert Holmen Paper, Hallstavik, Schweden.

Originalausgabe 6/2014

© 2014 by Wilhelm Heyne Verlag, München,
in der Verlagsgruppe Random House GmbH
Redaktion: Angelika Lieke
Umschlaggestaltung: Nele Schütz Design, München
Umschlagfoto: © SEBASTIAN BUSSE pictures
Satz: Buch-Werkstatt GmbH, Bad Aibling
Druck und Bindung: GGP Media GmbH, Pößneck
Printed in Germany 2014
ISBN: 978-3-453-60310-3

www.heyne.de

Inhalt

MEIN LEBEN IST LASAGNE — 7

IM PLATTENBAU LEBEN KEINE
SCHMETTERLINGE — 15

SIE IST EIN MODEL UND SIE ZIEHT SICH AUS — 29
   Jede Menge Miss-Verständnisse — 31
   So einfühlsam wie Mama Walton: Was mir
   Heidi Klum mit auf den Weg gegeben hat — 37
   My Body is a Baustelle — 47
   Von Dschungel-Mobbing & Flirt-Primaten:
   Was ich hinter den Kulissen von TV-Shows
   wirklich erlebe — 55
   Planet Porno – Meine Soft Skills in der
   Hardcore-Branche — 67
   Auf nach Hollywood, Boobarella! — 77
   Die Busenkönigin vom Ballermann:
   So habe ich die Partyinsel erobert — 82

LEBE DIE LIEBE,
DANN LIEBT DICH DAS LEBEN — 93
   Mein erstes Mal:
   Das brav nickende Wackeldackelchen — 101
   Kurze Röcke, lange Nächte — 107
   Sex mit Promis: Schäferstündchen deluxe — 111
   Hollywood Affairs — 142

MEINE GRÖSSTEN GEHEIMNISSE 159
   Das verlorene Baby 161
   Einmal Drogenhölle und zurück –
   gerade noch … 169
   Stalking und ein falscher Selbstmordversuch:
   Hilfe, ich bin ein psychopathisches
   Klammeräffchen 179

IN ZEHN JAHREN BIN ICH … 193

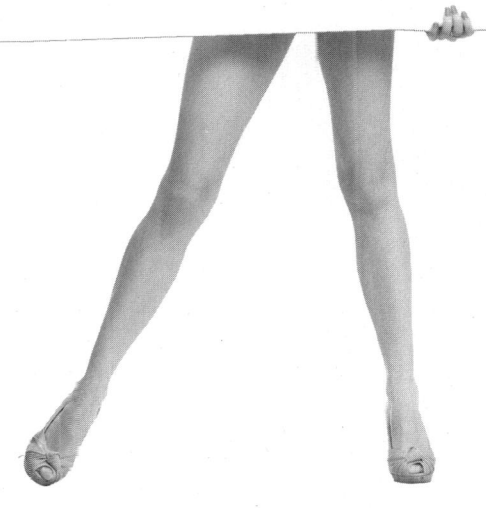

Es war ein nieseliger 1. November 1983, als meine Mama mich auf die Welt brachte: 49 Zentimeter groß, 2900 Gramm schwer und natürlich – wie alle Babys – splitterfasernackt. Und, was soll ich sagen, daran hat sich seit damals nicht allzu viel geändert ... Heute, mehr als 30 Jahre später, habe ich noch immer kaum etwas an: Ich schlafe nackt, ich arbeite nackt – ich bin Deutschlands bekanntestes Nacktmodel.

Eigentlich kaum zu glauben, wenn man bedenkt, wie und wo ich aufgewachsen bin: Bis ich 18 wurde, war ich introvertiert und extrem schüchtern; ich fand mich ... nein, ich war tatsächlich hässlich und hatte kaum Freunde. Das verhuschte Muschelmädchen Mica, das sich im Schatten eines Ostberliner Plattenbaus durch die Tage träumte und nach irgendeinem Weg suchte, dieses leberwurstgraue Dasein gegen eines zu tauschen, das aufregend und bunt und sorgenfrei war. Ein klarer Fall von Aufmerksamkeits-Kohldampf: Ich wollte beliebt und bewundert und nie wieder arm sein. Und welche Menschen haben all diese Dinge, nach denen ich mich so sehnte? Richtig, Stars und Prominente! Also beschloss ich, berühmt zu werden und alles zu tun, was dafür notwendig war. Jeden Tag hämmerte ich mir das in mein Köpfchen. Im Laufe der Jahre habe ich dann eine Menge Anläufe unternommen, mir eine schicke VIP-Vita zuzulegen. Meist blieb es jedoch – um es gleich vorweg zu sagen – beim Versuch: Ich wollte ein Supermodel wie Gisele Bündchen werden – *klar, so siehst du aus!* –, versuchte es dann als Popsängerin, Moderatorin, Soap-Sternchen und heimliche Geliebte von berühmten Männern. Holla, die Waldfee, bin ich mit diesen Arbeitsbeschaffungsmaßnahmen auf den Allerwertesten gefallen! Doch wenn du nichts versuchst im Leben, findest du auch nie heraus, was es zu bieten hat. Da gilt das Lasagne-Prinzip: Was wirklich drinnen steckt, weißt du erst, wenn du es probierst ... In dem ganzen Tohuwabohu von Probieren und Scheitern habe ich schließlich irgendwann bemerkt, dass ich nur dann wirklich beachtet wurde, wenn ich mich nackig machte. Textiler Minimalismus stand offensichtlich irgendwie im direkten Zusammenhang mit dem Aufmerksamkeitsgrad – da war er also, der erste Schimmer einer Erfolgsformel. Allerdings musste diese Formel getestet und weiterentwickelt werden. Und da notorischer Nacktdrang natürlich jede Menge Risiken und Nebenwirkungen hat, war mein Weg gepflastert mit heftigen Niederlagen: die falschen Männer, Drogen, enttäuschte Hoffnungen und ein immer wieder gebrochenes Herz – eben die ganze Palette von Pleiten, Pech und Pannen. Das Schlimmste jedoch waren Hohn und Spott, die mir literweise über den Kopf gekippt wurden.

Meine Herren, was hat man mich in den ersten Jahren als schamlose Berufsnackedei gemieden, gemobbt und in aller Öffentlichkeit ausgelacht. Bekannte und Nachbarn haben sich naserümpfend abgewandt und getuschelt, die Presse hat mich mit steter Regelmäßigkeit in den Niveau-Keller geschrieben. Ich sei vollkommen überbewertet, zu einfach gestrickt, ein buntes Allerlei an negativen Eigenschaften, bei dem es von allem ein bisschen zu viel gebe – vor allem zu viel Silikon und zu viel Vakuum im Kopf. Zugegeben, es war damals leicht, mich bescheuert zu finden. Denn Deutschland war noch nicht reif für eine Trash-Queen; es war prüde, es war spießig. Das änderte sich allerdings, als die Welle der Reality- und Castingformate auch zu uns schwappte und Prominenz neu definierte: TV-Shows wie *Big Brother*, *Supertalent* oder das *Dschungelcamp* kamen ins Fernsehen und erreichten tolle Quoten. Sendungen, für die man erst einmal nichts können musste, nichts haben musste außer einem Fetisch, den die Zuschauer mochten. Genau das war meine Welle – die perfekte Welle, die ich reiten wollte! Wo immer sie an den Strand rauschte, saß ich drauf; wo immer jemand aufspringen wollte, schubste ich ihn mit einem Lächeln runter. Und wenn ich selber abgeworfen wurde, stieg ich – dickköpfig und stur, wie ich nun mal bin – wieder auf.

Es kamen immer neue Shows und Werbeverträge, immer mehr Auftritte. Ready, steady, Show – plötzlich war ich also bekannt, gewissermaßen der A-Promi unter den C-Stars. Und was mache ich als Promi? Nun ja, auf den ersten Blick klingt es simpel: Ich bin bereit, überall und auf Bestellung blankzuziehen – mein Busen ist zum Business geworden. Pretty Woman? Nun, das müssen andere beurteilen. Aber pretty Wummen habe ich auf jeden Fall! Ich mache, was von mir erwartet wird – ich mache mich nackig, riskiere für jedes Foto eine fette Erkältung. Ich bin Blitzlichtfutter, eine lebende Fotostrecke, ein Video auf zwei Beinen. Ich lebe ein Klischee. Mit allen Mitteln, die mir zur Verfügung stehen – und das sind ja leider nicht besonders viele ... Ich habe kein Abitur, nicht studiert und kein Millionenvermögen geerbt; ich kann weder singen noch schauspielern noch tanzen. Ein guter Freund hat mein berufsrelevantes Körperteil-Portfolio einmal so beschrieben: »Köpfchen, ehrliche Haut und jede Menge Silikon, das macht dich aus.« Nicht gerade das Starter-Kit für eine Weltkarriere, oder? Bei mir geht es also darum, aus WENIG möglichst VIEL zu machen. Und genau das scheint mir zu gelingen.

Zugegeben, man kann sagen, meine Masche sei billig – Leute, ich habe nie etwas anderes behauptet! Sie ist simpel, *so what*. Hinter vielen Erfolgen steckt eine einfache Idee, aber auch die muss man erst einmal professionell umsetzen. Und das mache ich wirklich jeden einzelnen Tag, ob es mir gut geht oder schlecht, ob ich gesund bin oder krank. Dabei helfen mir fünf Regeln, die ich für mein Leben aufgestellt habe und an die ich mich eisern halte:

- *Arbeite hart!*
- *Bleib innerlich du selbst (und verändere äußerlich, was dich unglücklich macht)!*
- *Nimm dein Leben selbst in die Hand!*

- *Was immer du tust – tu es richtig oder lass es sein!*
- *Und wenn du merkst, dass all das nicht reicht, dann arbeite noch härter!*

Alles was ich bislang erreicht habe, habe ich ohne Hilfe geschafft. Ohne mir einen reichen Mann zu angeln (was ich jedoch versucht habe), ohne Besetzungscouch (auf die man mich allerdings zerren wollte) und ohne einen reichen Papi (den ich niemals hatte). Dass ich dabei polarisiere und provoziere, ist klar. Sex und Erotik sind eben große Themen in meinem Leben. Also werde ich auch in diesem Buch ausführlich davon erzählen. Von erotischen Abenteuern bis zu Sex-Unfällen; von heißen Nächten mit Prominenten bis hin zu nicht jugendfreien Fantasien. Klar ist allerdings auch: Nur Freunde macht man sich mit diesem ausgeprägten Hang zur Transparenz natürlich nicht. Für manche bin ich ein Hassobjekt, für andere so etwas wie ein Vorbild mit einer gewissen Anziehungskraft. Die *Süddeutsche Zeitung* nannte mich einmal »eine Art moderne Helena«, die männliche Sehnsüchte bediene, andere beschimpfen mich als »Schrott-Promi mit Blubber-Birne«. Pah, sollen sie sich doch auskotzen – gemütsaufweichend wirkt das bei mir kaum mehr, mit öffentlichem Wutgebell habe ich mittlerweile Erfahrung. Ich habe begriffen, wie das Spiel funktioniert, o ja, und mir ein silikongestütztes Bollwerk gegen die Neid- und Lästertiraden zugelegt; daran prallt vieles – wenn auch nicht alles – ab. Ich gehe raus und mache mein Ding. Von mir hört man kein Gejammer, kein Selbstmitleid. Da könnte ich ja gleich aufgeben. Ob Scham- oder Schmerzgrenzen: Sich zu blamieren und dafür eins auf die Mütze zu bekommen gehört zu meinem Geschäft. Brot und öffentliche Hiebe – willkommen in der Arena! In diesem großen Zirkus habe ich meinen Platz gefunden; meine Bühne, auf der ich mich zeigen und ausleben kann. Ich liebe meinen Job, kann seit einigen Jahren prima davon leben. Und das, obwohl man mich schon zig Mal totgesagt hat; obwohl ich wegen meiner Klamotten durch den Kakao gezogen werde; obwohl ich mit den falschen Partnern angebandelt habe. Moment mal! Lange Haltbarkeit, Styling-Diskussionen und mühsame Koalitionsdebatten? Da könnte man fast auf die Idee kommen, dass sich bei mir – *bitte, ihr Lieben, ihr dürft wirklich nicht alles so ernst nehmen!* – so etwas wie ein Angela-Merkel-Effekt eingestellt hat: Die wollte am Anfang auch keiner. Doch mittlerweile hat man gelernt mit ihr zu leben. Mehr noch, man mag sie irgendwie und vertraut ihr sogar. In diesem Sinne wünsche ich jetzt ganz viel Spaß beim Lesen und Schmunzeln …

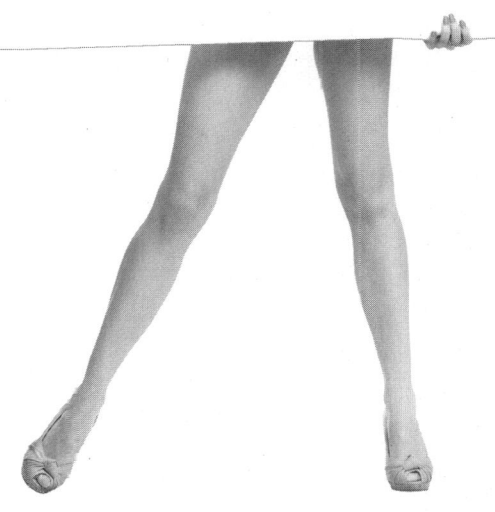

Wollte man sich den Stadtteil schöntrinken, in dem ich aufgewachsen bin, würde man wohl zwangsläufig schnell zum Stammgast bei den Anonymen Alkoholikern werden: Hellersdorf im Osten Berlins ist grau, Beton-bepflastert und vielerorts ähnlich kuschelig wie ein Kaffeekränzchen in der nordkoreanischen Sonderwirtschaftszone. Ich erinnere mich noch an die vielen Jugendlichen, die auf den Straßen herumlungerten, frustriert und chancenlos; an die Geschäfte, die nach und nach schließen mussten; an ein paar Hirnentkernte in Springerstiefeln, die ihre Amöben-dummen Parolen brüllten. Zusammen mit meiner Mutter Martina wohnte ich in einer Wohnung, die dem Klischee des trüben Ostens voll entsprach: Plattenbau, sechster Stock, kein Lift. Ein klitzekleines Wohnzimmer und ein ebenso kleines Schlafzimmer, das ich mir mit Mama teilen musste – fertig, mehr Platz gab es nicht in unserer Hobbithöhle. Linoleum auf dem Boden, ein alter Teppich darüber, dazu Möbel, die vielleicht einmal schick und schön gewesen waren, als die Menschen noch über die Mondlandung jubilierten. Nein, man kann wirklich nicht behaupten, dass ich in eine rosarote Welt hineingeboren wurde. Meine Welt bestand aus dem Nötigsten, und sie roch nach Bratkartoffeln mit Speck aus unserer Küche.

Mama studierte Bühnentanz an der Staatlichen Ballettschule Berlin, hatte ihre Ausbildung jedoch unterbrochen, als sie mit mir schwanger war. Als ich knapp drei Jahre alt war, verließ uns mein Vater. Er ist Brasilianer und hatte meiner Mama während des Studiums den Kopf verdreht. Drei Jahre waren meine Eltern zusammen, dann verschwand er plötzlich über Nacht – und mit ihm alle Erinnerung: Ich weiß nicht, wer er ist und wie er aussieht; ich kenne seinen Namen nicht. Meine Mama spricht so gut wie nie über ihn, und die wenigen Fotos, die von ihm existieren, hütet sie in einer stets verschlossenen Box aus dunkelgrünem Samt. Ich bin sicher, es gibt einen Grund, warum sie ihre Vergangenheit so sorgsam versteckt, obwohl sie behauptet, mein Vater sei ein fröhlicher, ausgelassener und abenteuerlustiger Mann gewesen. Eigentlich sollte ich wohl neugieriger sein, was ihn betrifft, doch da ist etwas in mir, das keine alten Wunden aufreißen will; das nichts ans Licht zerren möchte, was besser im Dunklen bleiben sollte. Vielleicht hat mein Vater Mama verletzt, vielleicht hat er ihr schlimme Dinge angetan … Ich weiß es nicht – und will es auch nicht wissen. Zumindest heute nicht mehr. Mama meint, früher hätte ich schon manchmal sehnsüchtig geguckt, wenn ich bei meinen Freundinnen das klassische Familienleben mitbekommen habe. Vater, Mutter, Kind – das gab's ja bei uns nicht. Wir hatten nur dieses Zweierteam: Mama und ich. Mein Vater hat keinen Platz in meinem Herzen, er hatte ihn nie. Da ist kein Gefühl in mir, weder Liebe noch Hass. Er ist damals gegangen, vermutlich zurück in seine Heimat Brasilien, und hat alles zurückgelassen – es war ein Abschied für immer. Für Mama war die Trennung unendlich schwer, sie war ja erst 23 Jahre alt und musste nun alleine für mich sorgen. Mit gebrochenem Herzen. Und dem begrabenen Traum von Spitzentanz und Schwanensee und einer Karriere auf den großen Bühnen. Stattdessen studierte Mama Wirtschaftsökonomie und verdiente unseren Lebensunterhalt als Halbtagskraft in einer Bibliothek; heute ist sie 51 und geht noch immer sechs Stunden täglich zum Arbeiten in eine Berliner Bibliothek. Ich glaube, tief in ihrem Herzen hatte sie gehofft, dass ich in ihre Fußstapfen treten und Tänzerin werden würde. Nun, ich bin einen anderen Weg gegangen, und dies war sicher nicht ihre einzige unerfüllte Hoffnung in Bezug auf mich …

Ich weiß nicht, ob es daran lag, dass mir eine Vaterfigur fehlte, oder daran, dass meine Mutter ein eher stiller und vorsichtiger Mensch ist: Jedenfalls war ich ein Schneckenhaus-Mädchen, das nie viel gesprochen und sich oft unter dem Tisch versteckt hat, wenn Besuch kam. Da saß ich dann, in meinem rosa Rüschenröckchen und Mickey-Mouse-Shirt, und bin erst wieder herausgekrabbelt, wenn Tante Irene oder »die liebe Hanni« wieder gegangen waren. Auch fotografiert werden mochte ich nicht. Heute erscheint mir das kaum mehr vorstellbar, doch auf Bildern aus dieser Zeit stehe ich immer am Rand, irgendwie gerade noch sichtbar, eine Mütze oder ein Basecap tief in die Stirn gezogen. *In die Ecke gesetzt und versehentlich vergessen* – ein Schicksal, das mir glatt hätte widerfahren können. Am zufriedensten war ich eigentlich immer, wenn ich alleine war. Ich habe mich in meiner Ecke im Wohnzimmer eingeigelt, mit Comic-Heften, Sammelbildchen und Tierbüchern, die ich ganz besonders geliebt habe. Hunde, Katzen, Pferde – am liebsten waren mir allerdings Meerschweinchen. Seit ich sechs Jahre alt war, habe ich mich mit diesen kleinen Fellnasen beschäftigt. Insgesamt hatte ich 15 Stück, einmal waren es sogar sechs gleichzeitig. Ich habe sie gehegt und gepflegt und ihnen einen Bauklötzchen-Parcours quer durch die Wohnung gebaut. Wenn ich heute bei Mama zu Besuch bin, erinnere ich mich manchmal noch an das Geräusch vom feinen Trippeln der Pfötchen auf dem Linoleumboden im Flur. Vergangenheit, lange her.

Als 12- oder 13-Jährige habe ich dann eine neue zusätzliche Leidenschaft entwickelt: die Bildbände berühmter Modefotografen. Mario Testino, zum Beispiel. Oder Peter Lindbergh, seine Bücher habe ich wirklich verschlungen, Seite für Seite. Und mit jedem Umblättern erwachte eine neue Welt mehr und mehr zum Leben, wurde bunter, vielversprechender, aufregender; eine Welt voller schöner Menschen, voller scheinbar unbegrenzter Möglichkeiten – voller Glück. Claudia Schiffer, Naomi Campbell, Tatjana Patitz – so wie diese Supermodels wollte ich auch sein. Ich habe dann angefangen, mich zu Hause zu schminken und zu stylen – natürlich nicht ohne Mamas Kleiderschrank zu plündern –, dann bin ich stolz den Flur entlanggestöckelt. Meine Mutter war Fotografin und Publikum zugleich; sie hat geklatscht und gelacht und damals noch nicht geahnt, was da eines Tages auf sie zukommen würde. Irgendwann fing ich an, Fotos und Berichte von all diesen Models zu sammeln. Ich habe Hochglanzmagazine durchforstet, habe ausgeschnitten, in Alben geklebt, beschriftet und alles in meinem Zimmer gestapelt. Mama und ich sind hin und wieder auch zu Wohnungsauflösungen gegangen, haben in Kisten in den Kellern nach alten Zeitschriften gesucht, um irgendwelche Schnipsel für meine Modelalben aufzustöbern. Eines Tages bin ich sogar kriminell geworden, nur um meiner Beauty-Clique ein weiteres Mitglied zuzuführen: Mit einem Stein habe ich den Leuchtkasten an einer Bushaltestelle in Berlin eingeschlagen, um an ein H&M-Werbeplakat mit Tyra Banks zu kommen. Mica Langfinger und ihr bis dahin berüchtigtster Beutezug – ein bisschen schäme mich dafür noch heute ...

Wenn ich abends in mein Bett geschlüpft bin, umgeben von Model-Postern an der Wand und einem lebensgroßen Pappaufsteller von Naomi Campbell am Kopfende, wenn mich die gedämpften Geräusche des Fernsehers im Wohnzimmer langsam in den Schlaf hinübertrugen, dann habe ich davon geträumt, nur einmal im Leben so auszusehen wie eines dieser Mädchen. Fast jeden Abend lief der gleiche Film in meinem Kopfkino: *Ich auf dem Catwalk, Blitzlichtgewitter, tosender Beifall. Eine perfekte Glückswelle reißt alles mit, die Zweifel, die Ängste, die Scham ...* Doch wenn ich meine Augen dann öffnete, war ich wieder Mini-Mica mit dem Mikro-Ego, die sich seufzend die Frottee-Bettdecke über die Nasenspitze zog. Wie stolz mussten diese Models auf sich sein. Wer so aussieht, den trägt das Leben auf goldenen Schwingen, dachte ich. Frei und unbeschwert, weit, weit nach oben. Doch wer so aussah wie ich, dem wuchsen keine Flügel. Ich hatte

Pickel und eine Höckernase, ein fliehendes Kinn und eine Zahnspange – ich war so weit von Claudia-Naomi-Tatjana entfernt wie unsere Wohnung von Cinderellas Märchenschloss. Wie konnte das bloß sein: Bei anderen Mädchen brachte die Metamorphose der Pubertät die schönsten Schmetterlinge hervor. Oder wenigstens die süßesten Entlein im Teich, die stolz schnäbelnd ihr Gefieder zurechtzupfen. Doch was geschah mit mir? Gar nichts. Ich blieb Mica, die Graue. Jeder Kokon, den ich abstreifte, legte nur eine weitere Schicht Durchschnittlichkeit frei. Ich blieb, was ich bis dahin immer gewesen war: eine farblose Sozialphobikerin, optisch so aufregend wie eine Kleidermotte inmitten eines Schwarms von Pfauenaugen.

Mehr denn je galt mein Motto: wegducken und, wo immer es geht, unsichtbar machen! Auch in der Schule war das so. Ich ging mittlerweile in die 8. Klasse auf dem Jean-Paul-Sartre-Gymnasium und gehörte – was für eine Überraschung! – wieder zur Gruppe der absoluten Langweiler. Da gab es die coolen Bling-Bling-Tussis in Klamotten Marke mega-stylish, die auch schon mal geraucht und bei den Lehrern eine dicke Lippe riskiert haben. Und dann gab es uns, die jungfräulichen, krampfhaft-unauffälligen Klemmi-Mädchen. Wir trugen Schlabberpullis und kauten in der Pause Scheiblettenkäsestullen – während die Schmetterlinge an Energydrinks nippten und Croissants knabberten, die ganze Zeit scheinbar grundlos vor sich hin kicherten und die frech frisierten Köpfchen zusammensteckten. Mit uns haben sie sich nicht abgegeben. Da gab es kein Hallo, keine Gespräche, keine Einladung zu irgendeiner Party. Es gab überhaupt keinen Kontakt – weil uns schlicht und ergreifend niemand wahrgenommen hat. Für all die bunten Schmetterlinge waren wir einfach Luft – und für die Jungs sowieso. Einmal, es war kurz nach den Sommerferien, habe ich all meinen Mut zusammengerafft und bin zu einem Grüppchen Schmetterlinge rübergegangen. Sie sprachen gerade über irgendeinen Film, eine Liebesschnulze, die ich nicht kannte. Sie malten sich mit aufgeregt roten Bäckchen und glänzenden Augen aus, wie sie den schnuckeligen Hauptdarsteller zu einem Date überreden würden. Und ich? Ich stand einfach daneben, dusselig grinsend und stumm. Ich wollte etwas sagen – aber ich wusste nicht, was. Ich wollte dazugehören – aber niemand nahm mich an der Hand. Und in meiner Brust brüllte eine Stimme: ICH! BIN! HIER! NEHMT! MICH! WAHR! Doch der Schmetterlingsschwarm hielt seine Reihen geschlossen – und ich wünschte mich zurück unter unseren Tisch im Wohnzimmer, während Mama Bratkartoffeln briet. Kurz darauf, um die Schmach auch wirklich komplett zu machen, bimmelte die Schulglocke zum Ende der Pause, und Lady Zitronenfalter, Miss Pfauenauge und all die anderen stoben auseinander, ohne auch nur ein einziges Mal Notiz von mir genommen zu haben. Ein, zwei hauchzarte Flügelschläge, dann waren sie verschwunden. Noch minutenlang blieb ich auf dem leeren Pausenhof stehen. Fassungslos. Noch immer sprachlos. Und das erste Mal den Tränen nahe.

Es dauerte nicht lange, bis meine schulischen Leistungen langsam immer schlechter wurden. Keine Motivation, die klassische Nullbockstimmung. Ich hatte keine Lust zu lernen. Und keine Lust, in die Schule zu gehen. Ich fing an, den Unterricht zu schwänzen, täuschte immer häufiger Kopfschmerzen vor und ließ mir von Mama Atteste schreiben. Die Noten sackten ins Bodenlose, und man legte Mama schließlich nahe, mich vom Gymnasium zu nehmen. Ich würde das Abitur ja vermutlich ohnehin nicht schaffen. Es war eine Zeit, in der aus Zweifeln das erste Mal Frustration und Wut wurden. Ich fing an, einige Lehrer regelrecht zu hassen – besonders Frau Müller, meine notorisch übellaunige Chemielehrerin. Die Herrin über Bunsenbrenner und Periodensystem – eine verblühte Matrone mit der Figur einer Gulaschkanone, die meist roch wie Gnu nach Durchquerung des Okavango-Deltas. Ich habe sie verflucht, ich habe von ihr geträumt, ich habe sie – wie ich gerade merke – bis heute in denkbar schlechter Erinnerung behalten. Naja, Schwamm drüber – am besten einen mit ordentlich Duschgel drauf …

Müller-Matrone hin, Mica-Mäuschen her – irgendwann haben Mama und ich jedenfalls beschlossen, dass ich nach der 10. Klasse vom Gymnasium abgehe. Den Realschulabschluss habe ich mit Ach und Krach noch hinbekommen (das Zeugnis könnt ihr euch auf S. 7 des Bildteils einmal ansehen!), doch meine wirklichen Probleme hat das Ende der Schulzeit natürlich nicht gelöst: Ich fand mich immer noch hässlich wie Omas alte Steppdecke – mit diesem Aussehen würde ich es niemals ins Blitzlichtgewitter schaffen, niemals berühmt werden. So konnte es einfach nicht weitergehen. Fast wäre ich vor lauter Scham und Verzweiflung ins Kloster zur Heiligen Hässlette verschwunden, als eine großartige Synapsenschaltung neues Licht in mein Alltagsdunkel brachte: Da der liebe Gott bei meinen Genen wahrlich kein Meisterwerk abgeliefert hatte, könnten ja vielleicht Götter in Weiß seine Fehler ausbügeln. Mit 15 saß ich das erste Mal bei einem Schönheitschirurgen, der mich allerdings mit den Worten *Du bist zu jung* prompt wieder heimschickte. Aber so schnell konnte man mich nicht entmutigen. Ein Jahr und unzählige Mama-Mica-Gespräche später – irgendwann konnte sie einfach nicht mehr mit ansehen, wie ich unter meinem Höckerzinken litt – unternahm ich den nächsten Anlauf. Und siehe da, bei Skalpell-Maestro Nummer zwei fühlte ich mich sofort richtig gut aufgehoben. Kurze Zeit später war es dann so weit: Unter Vollnarkose wurde mir die Haut von der Nase gelöst, Knorpel und Knochen wurden in die gewünschte Form gebracht. Dazu bekam ich noch ein Implantat ins Kinn eingesetzt, das schließlich zur neuen Nase passen sollte. Das macht man gerne in einem Aufwasch, da sich bei der Operation meist das ganze Gesichtsprofil verändert. Später, als ich 18 war, erlaubte Mama mir schließlich auch, meine Brüste vergrößern zu lassen – der Beginn eines wirklich abenteuerlichen Operationsmarathons, über den ihr alles im Kapitel »My Body is a Baustelle« erfahrt. Jetzt hatte ich allerdings erst einmal eine neue Nase, und als mir ein paar Tage nach der Operation der Verband abgenommen wurde, hätte ich die ganze Welt umarmen können: Goodbye Riechkolben, hello Stupsnäschen! Ich habe das Honigkuchengrinsen gar nicht mehr aus dem Gesicht bekommen, so glücklich war ich.

Da ich meine Klosterschwesterplanungen jetzt erst einmal ad acta legen konnte – Halleluja! –, stellte sich die Frage, was ich mit meinem Leben anfangen sollte. Vielleicht eine Sprachreise buchen? Oder einfach ein bisschen jobben und die neu gewonnene Freiheit genießen? Und dann gab es da ja auch noch meinen Supermodel-Traum. Schließlich verwarf ich all diese Ideen – und begann eine Ausbildung zur pharmazeutisch-kaufmännischen Angestellten. »Lern erst einmal etwas Vernünftiges«, hatte Mama mir immer geraten, »schaff dir eine Basis. Danach kannst du immer noch entscheiden, was du tun möchtest.« Ich hatte also einen dicken Wälzer mit allen Ausbildungsberufen durchgeackert und nach etwas gesucht, bei dem ich möglichst wenig mit Menschen zu tun haben würde; etwas Sauberes und Sicheres, um nach der Enttäuschung, das Abi nicht gepackt zu haben, nicht wieder auf mein inzwischen nigelnagelneues Näschen zu fallen. Gleich mit meiner ersten Bewerbung hatte ich Glück, trotz meines grottenschlechten Zeugnisses, und so fing ich mit 17 schließlich in der *Apotheke am Boulevard* in Berlin-Hellersdorf an. Ich hatte geregelte Arbeitszeiten und einen knüppelhart gestärkten weißen Kittel, mit dem ich meist hinten im Lager vor mich hin kruschte, weit weg von den Kunden. Ich prüfte Lieferungen, kontrollierte das Sortiment oder bearbeitete Retouren. 400 Euro habe ich da anfangs im Monat verdient; nicht die Welt, aber allemal genug, um Mama ein bisschen zu entlasten. Wenn ich so zurückschaue, dann glaube ich, dass sie damals wirklich glücklich war über den Weg, den ich eingeschlagen hatte.

Während dieser Zeit, in der ich dabei war, einen vernünftigen Beruf zu erlernen, kam auch irgendwann der erste Discobesuch, der erste kleine Li-La-Laune-Schwips, schließlich mit 18 der erste feste Freund. Meine Klamotten wurden ein bisschen bunter, meine Kommunikationsblockade ein wenig durchlässiger. Mein Leben schien allmählich Fahrt aufzunehmen. Ganz langsam natürlich und immer auf gerader Strecke. Da gab es keine emotionalen Dramen, keine Alkoholabstürze, keine Sex-Orgien – noch nicht. Mama konnte sich zu dieser Zeit entspannt zurücklehnen, denn ich habe es ihr wirklich nicht schwer gemacht. Ich war pünktlich, zuverlässig und fleißig. Natürlich hatten sie und ich damals die eine oder andere Meinungsverschiedenheit, die wir allerdings meist ruhig und sachlich geklärt haben. Über die Jahre sind wir über unsere Mutter-Tochter-Beziehung hinaus auch Freundinnen geworden. Wir haben dieselben Sendungen im Fernsehen gesehen und dieselbe Popmusik gehört. Früher habe ich ihre Klamotten angezogen, später trug sie manchmal meine, ließ sich inspirieren von meiner Frisur oder meinem Makeup. Wir fahren noch heute gemeinsam in den Urlaub, gehen zum Abendessen in kleine gemütliche Lokale und quatschen über Gott und die Welt – alles liebgewonnene Rituale, die unter anderem dafür sorgen, dass ich mit beiden Beinen auf dem Boden bleibe.

Obwohl wir wirklich kaum Geld hatten, hat Mama immer versucht, uns das Leben so angenehm wie möglich zu gestalten. Seit einiger Zeit unterstütze ich sie finanziell und freue mich, ihr nach all den Jahren endlich etwas zurückgeben zu können. Denn eines hat sich bis heute nie geändert: Wann immer ich jemanden brauche, der für mich da ist, der mich versteht, der mich in den Arm nimmt oder mir mal den Kopf zurechtrückt, ist sie zur Stelle. Ich liebe meine Mama von ganzem Herzen und bin ihr unendlich dankbar für alles, was sie für mich getan hat.

Und doch wurde mir irgendwann bewusst, dass ich so wie Mama nicht leben wollte. Während all der Jahre hatte ich es gespürt. An unserem Wohnzimmertisch. Auf dem müllübersäten Spielplatz vor unserem Haus. Vor dem Supermarktregal mit den Sonderangeboten. Schließlich wurde aus einer diffus wabernden Ahnung glasklare Gewissheit: Ich wollte keine Bibliothekarin sein, keine Balletttänzerin, keine pharmazeutisch-kaufmännische Angestellte. Ich wollte die Welt Wirklichkeit werden lassen, die meine Fantasie beflügelt hatte, seit ich ein 12-jähriges Mädchen war: die Welt der Supermodels. Mit diesem Gedanken, mittlerweile fest eingebrannt auf der Festplatte meines Köpfchens, bin ich schließlich bei Mama ausgezogen. Und bereits kurze Zeit darauf machten sich die ersten Symptome einer Krankheit bemerkbar, die ich seitdem nicht mehr loswerde: der notorische Nackt-Drang …

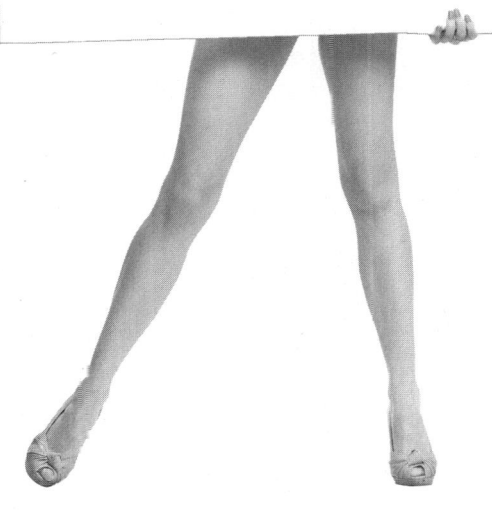

Jede Menge Miss-Verständnisse

Nachdem ich aus Mamas Kuschelnest geschlüpft war, habe ich angefangen, an Misswahlen teilzunehmen. Ich wollte Miss Germany werden – unbedingt! Doch dazu musste man sich zuerst durch die Mühlen von Bezirksausscheidungen lächeln. Das habe ich dann auch gemacht – und bin überall grandios unter die Räder gekommen: Miss Pankow, Miss Weißensee, dann das Heimspiel Miss Hellersdorf: Insgesamt waren es 17 Wahlen, an denen ich erfolglos teilgenommen habe, obwohl mir Mama immer die hübschesten Kleider gekauft und mich toll geschminkt hatte. Eine Katastrophe nach der anderen, akkurat aufgereiht wie Brausedrops an einer Candy-Kette, wie ich sie mir als Kind am Kiosk an der Ecke gekauft hatte. Doch dann, kurz bevor ich den Kampf endgültig aufgeben wollte, bin ich 2003 Miss Tempelhof geworden. Gerade noch die Kurve gekriegt, bei meinem 18. Start zu einer Misswahl! Mein normalerweise glühender Ehrgeiz, der zwischenzeitlich so lauwarm wie ein Schnitzel aus der Betriebskantine geworden war, kam wieder auf Betriebstemperatur. Der erste Schritt war getan, jetzt mussten die nächsten folgen. Bei der Wahl zur Miss Berlin machte ich den vierten Platz, dann wurde ich 2004 Miss Ostdeutschland: meine Eintrittskarte zur Miss-Germany-Wahl – endlich! Die Veranstaltung meiner Träume fand in einem Einkaufszentrum in Jena statt. Knappes Kleidchen, Krönchen, Glückstränen – so in etwa hatte ich mir meinen Siegeszug vorgestellt. Doch der Veranstalter, dessen kuhäugige Freundlichkeit so echt war wie der Gesang von Milli Vanilli, machte mir einen Strich durch die Rechnung. Drei Tage vor dem großen Abend zitierte er mich in sein Büro und eröffnete mir, es gäbe da ein Problem. Und diese Konsequenz dieses Problems fasste die *Bild* kurz darauf mit folgender Schlagzeile zusammen: *Miss Ostdeutschland bei Miss-Germany-Wahl gefeuert!* Was war geschehen? Es waren Nacktfotos von mir aufgetaucht – und die sind ja bekanntlich für Teilnehmerinnen bei diesen Wahlen absolut verboten. Böse, böse Micaela, wie konnte denn so etwas passieren? Eben noch die kreuzbrave Apothekenangestellte – und jetzt das! Nun ja, zu meiner Verteidigung kann ich vorbringen: Ganz allein meine Schuld war es nicht …

Vor einiger Zeit war nämlich ein böses Mädchen in mir erwacht, das mir ganz aufregende, neue Dinge ins Ohr flüsterte; eine Art weiblicher Gollum mit lockender Stimme, die verheißungsvolle Wege aus meinem Schattendasein versprach. »*Mein Schatz*«, schnurrte die Stimme, »*es läuft nicht gut mit dem Berühmtwerden. Nein, gar nicht gut, du musst etwas verändern. Krieg deinen Hintern hoch, trau dich und mach endlich wahr, wovon du träumst! Benutze dein Köpfchen, dein Aus-*

sehen, deine Ellbogen – und scheiß drauf, was die anderen denken. Nur du zählst, deine Wünsche, deine Ziele.«
Im Gegensatz zum echten Gollum aus dem Film, der einem unsichtbar machenden Ring nachjagt, versuchte mein Gollum-Mädchen, mich mit aller Kraft sichtbar zu machen und ins Rampenlicht zu schubsen. Es machte mir Mut, spornte mich an, stellte alles Bisherige infrage – und war dabei alles andere als einfühlsam: *»Du willst berühmt werden, mein Schatz? Hm, in Ordnung. Allerdings hat jeder betrunkene Schimpanse im Tutu mehr schauspielerische Ausdruckskraft als du und eine nur unwesentlich schlechtere Stimme. Du bist hübsch, ja, aber sicher nicht Kleopatras wahre Erbin. Also, was jetzt, mein Schatz? Was kannst du tun, damit die Welt erfährt, dass es dich gibt? Vielleicht schockierst du sie ein bisschen, mein Schatz, ja, das könntest du tun, provoziere sie, gib den Menschen Futter, damit sie sich ihr Maul zerreißen können …«*

Mein Leben lang war ich Mica die graue Maus gewesen, jetzt hatte ich plötzlich eine neue Gefährtin bekommen; eine ehrgeizige, angriffslustige, manchmal knallharte Gefährtin; ein böses Mädchen, das mir genau das Gegenteil von dem riet, was ich bislang getan hatte: wegducken und stillhalten. Es schmerzte, was sie sagte, und manchmal hätte ich ihre Zunge am liebsten in eine Steckdose gesteckt – aber verdammt, sie hatte ja recht: Ja, ich habe mich immer verkrochen. Ja, ich habe viel zu oft auf andere gehört. Und ja, sowohl mit meinem Schauspiel- als auch mit meinem Gesangstalent ist es tatsächlich nicht weit her. Wenn ich also weder als Goldkehlchen noch als Leinwandgöttin durchstarten würde, brauchte es andere Mittel, um berühmt zu werden. Ich könnte mir ja vielleicht einen reichen Mann angeln. Oder einen schicken Fußballspieler. Ich könnte auch einmal – anfangs war es nur so ein Gedanke – die Hüllen fallen lassen, so etwas würde bestimmt einen gewissen Oho-Effekt erzeugen. Ein bisschen provozieren, sexy sein, mit den weiblichen Reizen spielen – das hatte das Gollum-Mädchen doch gemeint, oder? Andere hatten damit ja auch Erfolg gehabt, eine Katie Price zum Beispiel. Man konnte es doch wenigstens einmal probieren. Ich entschloss mich dazu, die Augen nach entsprechenden Chancen offen zu halten – und schon kurz darauf reichte das Schicksal mir die Hand: In Berlin suchte man Mädchen für die deutsche Ausgabe des Männermagazins *Penthouse*. Das Casting fand in einem abgeschlossenen Café statt, das die Produktion für diesen Tag komplett gemietet hatte. Ich sagte also zu, obwohl ich bei der Anmeldung zur Miss-Germany-Wahl einen Vertrag unterschrieben hatte, der Nacktfotos strikt verbot. Doch im Endeffekt siegte die Neugierde; sie verschmolz mit dem Reiz des Verbotenen zu einem Sog, den das Gollum-Mädchen in den Tagen vor dem Casting fleißig weiter befeuerte: »*Tu es, tu es, riskier es*« – und dann tat ich es.

In dem Café im Berliner Stadtteil Prenzlauer Berg saßen schließlich eine Jury, bestehend aus drei, vier Leuten, und ein Fotograf, der uns Mädchen fotografierte und filmte. Das erste Mal in meinem Leben halb nackt vor wildfremden Menschen: oben ohne und nur mit einem schwarzen Slip bekleidet, entblößt und schutzlos – so betrat ich schließlich den Raum. Was würde jetzt mit mir passieren? Würde Nervosität aufflammen, würde ich mich schämen und mein Gesicht rot anlaufen? Nein, nichts von alledem geschah – im Gegenteil! Mit jedem Schritt, den ich in den Raum hinein machte, fühlte ich mich sicherer; mit jedem Blick, der zur wenig diskreten Geländeerkundung über meinen Körper strich, fühlte ich mich schöner und begehrenswerter. Alles prickelte, und in mir quietschte das Gollum-Mädchen vor Vergnügen. Und auch wenn ich für das *Penthouse*-Shooting schließlich nicht genommen wurde, hatte es mir doch bewiesen: Wow, da gab es Menschen, die mich wahrnahmen und denen gefiel, was sie sahen.

Von diesem kurzzeitigen Hochgefühl war jedoch nach dem Miss-Germany-Desaster nichts mehr übrig: Ich hatte mich ausgezogen, es war herausgekommen – und die Konsequenzen waren knallhart: Regelverstoß. Mr. Kuhauge ließ mich meine Koffer packen, die Wahl fand ohne mich statt. Eine Niederlage, bitter wie chinesischer Kräutertee. Ob sie auch so heilsam war, würde die Zukunft zeigen. Für den Augenblick war ich einfach am Boden zerstört. Tränen in den Augen, Wut im Herzen – mein erster Walk über den Boulevard of Broken Dreams. Ein Blick auf Mama und Oma machte die seelische Schieflage nicht gerade erträglicher: Sie waren so stolz auf mich gewesen, haben mich wohl schon mit Siegerlächeln über die Bühne schweben sehen … Irgendwie hatte ich das Gefühl, auch sie enttäuscht zu haben. Ich wollte nur noch weg, so schnell wie möglich nach Hause. Als ich an diesem Abend apathisch gekrümmt wie ein Cocktail-Shrimp im Bett lag, blieb das Gollum-Mädchen stumm. Als ob es geahnt hätte, dass Unterstützung in diesem Augenblick gar nicht notwendig war …

Mein Oben-ohne-Skandal bei den Misswahlen sorgte nämlich schon in den nächsten Tagen für ordentlichen Remmidemmi in der Presse. Die Fotos – meine, nicht die von Miss No-name-Germany! – erschienen in den Boulevardblättern, und es gab Beiträge in verschiedenen TV-Sendungen. Zum ersten Mal sah ich mich groß in einer Zeitung, zum ersten Mal las ich dort meinen Namen. Und Hunderttausende würden ihn ebenfalls lesen. Wie wundervoll, wie berauschend, sogar meine Wut über den Fotografen, der meine Nacktaufnahmen herausgegeben hatte, verrauchte. Ich war jetzt ein kleines bisschen bekannt. Natürlich noch kein VIP, keine VERY IMPORTANT PERSON, aber immerhin eine PERSON, von der man wusste, dass es sie gibt. Es fühlte sich gut an, es fühlte sich richtig an – lass dich drücken, Gollum-Mädchen! Von da an bin ich wie eine Nomadin durch Deutschland gezogen und zu jedem Casting gegangen, das ich auftreiben konnte. Castings für Modelwettbewerbe, für Fotoshootings oder Modenschauen. Später habe ich mal durchgezählt, es müssen an die hundert gewesen sein. Doch leben konnte ich nicht von den wenigen kleinen Modeljobs, die ich schließlich an Land gezogen habe. Also habe ich mich mit TV-Interviews über Wasser gehalten, habe Dessous-Tests gemacht und als Hostess oder Promotion Girl gearbeitet, das in irgendwelchen Bars irgendwelche Flyer verteilt. Das Ganze plätscherte so lange vor sich hin, bis ich 2005 hörte, dass Heidi Klum Models für eine Fernsehsendung suchte …

So einfühlsam wie Mama Walton: Was mir Heidi Klum mit auf den Weg gegeben hat

Die Model-Moderatorin-Managerin-Supermutti mit dem omnipräsenten Dauerlächeln wollte sich also in der ersten Staffel von *Germany's next Topmodel* um den Beauty-Nachwuchs verdient machen. *Da musst du dabei sein*, dachte ich und schickte das geforderte dreiminütige Video und ein paar Fotos an Pro7. Ich war nicht blond wie vermutlich 80 Prozent meiner Mitbewerberinnen, konnte drei Sätze fehlerfrei geradeaus sprechen und war mittlerweile sogar selbst der Ansicht, dass ich einen recht erfreulichen Anblick bot – einen Versuch war es also wert. Und tatsächlich: Kurz nach meiner Bewerbung bat mich eine Produktionsfirma, ein einstündiges Video von mir zu schicken, in dem ich mich ausführlich vorstellen sollte. Anders als heute gab es damals noch keine Live-Castings. Es dauerte nur wenige Tage, bis das Telefon klingelte: Micaela, du bist dabei! Das war wirklich der Hammer, ich bin fast ausgeflippt vor Freude. 12 000 Mädchen hatten sich bei *Germany's next Topmodel* beworben, und ich gehörte zu den 32 Auserwählten, die in die Sendung genommen wurden.

Wir trafen uns morgens um neun Uhr am Düsseldorfer Hauptbahnhof; eine hibbelige Gänseschar, die ihre schwitzig-hitzige Aufgeregtheit kaum im Zaum halten konnte. Kurz darauf ging's dann auch schon in ein Fotostudio in der Innenstadt, wo Heidi Klum bereits auf uns wartete. Das war schon ein großer Moment, ihr mit eiskalten Fingerchen das erste Mal die Hand zu schütteln. Sie war ein richtiger Star und damals eine offene, natürliche und liebenswerte Person, die sich rührend wie

Mama Walton um uns gekümmert hat. Übrigens auch, wenn die Kameras nicht liefen. Danach allerdings ging's ziemlich schnell zur Sache, der Welpenschutz für uns Beauty-Küken wurde ratzfatz aufgehoben: Bereits am ersten Tag mussten zwölf Mädchen gehen, am zweiten Tag waren es acht. Am Schluss blieben zwölf übrig – und ich gehörte dazu. Man sagte uns, wir würden noch am Nachmittag für ein Dessous-Shooting nach New York fliegen. NEW YORK – ich meine, HALLO! –, ich war bislang in Jena gewesen und in Dresden und mit Mama und Gummikrokodil an der Adria. Doch jetzt sollte es nach New York gehen; in den Big Apple, in die geilste Stadt der Welt, die angeblich niemals schläft. Wie Würfel im Knobelbecher purzelten die Gedanken in meinem Kopf kreuz und quer durcheinander. *Du schaffst es wirklich*, dachte ich, *o Gott, du bist so nah dran, jetzt schießt du wie eine Silvesterrakete in den Fashionhimmel – jetzt wirst du ein Topmodel.* Der erste spürbare Dämpfer kam neun Flugstunden und eine Taxifahrt später, als wir bei Victoria's Secret eintrafen …

In den heiligen Wäschehallen nämlich hat unser Grüppchen glücklich gackernder Laufsteg-Elfen in spe dann richtige Supermodels getroffen. Da schwebten Russinnen an uns vorbei und Brasilianerinnen, alle 1,90 groß und unendlich schön. Gazellen, anbetungswürdige Göttinnen, die alles überstrahlten. Eine unter ihnen funkelte allerdings noch heller als alle anderen: Karolina Kurkova, die damals zu den bestbezahlten Models der Welt gehörte. *Was für ein Engel*, dachte ich, auch wenn sie gerade nur Jeans und T-Shirt trug und nicht die berühmten Federflügel. *Was für eine Grazie, was für fließende Bewegungen.* Ein angedeutetes Lächeln, »Hello«, hauchte sie – und, schwupps, waren meine verflixten Komplexe wieder da. Karolina war ein wirkliches Super-Super-Super-Model, eine Beauty-Gigantin. Im Vergleich zu ihr waren wir Zirkuszwerge klein, wir alle waren Lieschen Müller – nett, adrett und so außergewöhnlich wie ein Pinguin in der Antarktis. Neuronen feuerten die schmerzliche Nachricht in mein Bewusstsein: *In dieser Liga wirst du nie spielen, niemals.* Ich glaube, das ging uns damals allen so, auch Lena Gercke, die die erste GNTM-Staffel später gewonnen hat. Wir hatten uns etwas vorgemacht – ein klarer Fall von Pippi-Langstrumpf-Syndrom, *ich mach mir die Welt, widdewidde wie sie mir gefällt …* Wir waren nicht Germany's next Topmodels und würden es auch niemals sein.

Vermutlich lag es an dieser ernüchternden Erkenntnis, dass ich beim anschließenden Unterwäsche-Shooting mit dem Victoria's-Secret-Fotografen Russell James und gefühlten 30 Assistenten ein bisschen zu viel Gas gegeben habe, mich zu lasziv gerekelt und zu übertrieben posiert habe. Doch die Versuche, meine gefühlte Lieschen-Müller-Erscheinung durch vollen Körpereinsatz wettzumachen, fruchteten nicht. Jedenfalls hat Heidi mich nachher zu sich zitiert; und da saß ich dann, im senffarbenen Bademantel und mit Lockenwicklern, und musste mir anhören, was sie von meinen Aufnahmen hielt: Ich solle dringend meinen Sexappeal drosseln, sagte sie. Und die Jury – damals waren das noch die GNTM-Urgesteine Armin Morbach, Peyman Amin und Bruce Darnell – stieß später ins gleiche Horn. Sie meinten, ich dürfe mich nicht auf einzelne Körperteile verlassen – und mir hätte es einfach ein bisschen an Klasse gefehlt.

Es dauerte nur einen Wimpernschlag, bis mir klar

wurde, was man mir da mitteilen wollte: »Keine Klasse« – das hieß wohl so viel wie billig. Und mit »nur einzelne Körperteile« hatten sie wahrscheinlich gemeint, dass bei mir alles irgendwie nicht zusammenpasste. Hier und da ganz passabel, als Ganzes jedoch unzureichend – so sahen sie mich scheinbar. Jeder einzelne Kritikpunkt der Jury machte mich ein bisschen kleiner, hässlicher, unbedeutender; jedes Wort peitschte mir ein weiteres Stückchen Selbstwertgefühl aus der Seele. Okay, vielleicht habe ich bei den Fotoaufnahmen übertrieben, ein bisschen sinnlicher und etwas weniger sexy wäre wohl besser gewesen. Doch damals dachte ich: Das ist ein Dessous-Shooting, da musst du alles geben. Mit diesem vernichtenden Urteil hätte ich niemals gerechnet. Ich war also nicht schön genug, nicht gut genug. Ich war nichts Besonderes. Je weiter diese Erkenntnis in mein Bewusstsein sickerte, desto mehr fing mein Abwehrreflex an zu bröckeln. Er wurde so brüchig wie Omas Fingernägel, dann fiel die Mauer – *I've been looking for freedom* – und alles ergoss sich in den bis dato heftigsten Weinkrampf meines Lebens. Tränen, die jedoch nichts bereinigten, sondern nur erschöpften; nichts klärten, sondern lediglich verschoben.

Den nächsten Hieb in die Magengrube bekam ich verpasst, als man eine Woche später bei allen Mädchen eine Körperfettmessung durchführte. Bei mir wurden 26 Prozent gemessen: der zweithöchste Wert unter allen Teilnehmerinnen! 21 ist ein normaler Wert – und ich lag stolze fünf Prozent drüber. Kurzzeitig einsetzende Schockstarre, ich hatte mehr Fett als Muskeln, für ein Model war mein Körper scheinbar null Komma null in Form. Ich habe zu dieser Zeit zwar keinen Sport gemacht, aber wenigstens auf eine gesunde und halbwegs ausgewogene Ernährung geachtet. Gereicht hat das offensichtlich nicht. Also fing ich an, nur noch Magerquark, Eier und Mandarinen zu essen. Dazu habe ich Ingwertee getrunken, weil ich irgendwo gelesen hatte, dass das den Stoffwechsel ankurbeln soll. Doch da kurbelte anfangs gar nichts, ich wurde kaum dünner – dafür jedoch umso dünnhäutiger. Je länger die Staffel lief, desto größer wurde der Druck, schlank zu sein, stark zu sein und die Konkurrentinnen auszustechen. Immer wieder sind wir Mädels uns in die Haare geraten, und zum Teil war auch ich daran schuld: Ich hatte verbotenerweise ein Handy mit in die Model-WG geschummelt und heimlich mit meinem damaligen Freund telefoniert. Ab und zu brauchte ich einfach Unterstützung, musste seine Stimme hören. Trotzdem: Es war gegen die Regel – und das haben mich die Mädels spüren lassen, als jemand meine Kommunikations-Schmuggelware entdeckt hatte. Der Streit ist dann eskaliert. Wie bissige Schnappschildkröten sind sie über mich hergefallen, haben mir die verbale Keule über den Schädel gezogen. Ich war ein »Kameradenschwein«, ein »riesiges fettes Arschloch«, ich war »verlogen« und »lächerlich«, es ging Schlag auf Schlag. Schon vor diesem Abend hatte ich das Gefühl gehabt, nicht sonderlich beliebt zu sein. Man mochte die Lenas, die Luises – aber mich mochte man nicht. Doch jetzt fühlte ich mich vollends als Außenseiterin: Offensichtlich taugte ich weder als Model noch als Freundin etwas; ich gehörte zu niemandem und scheinbar auch nicht in diese Sendung – eine Erkenntnis, die mir wieder einmal Tränen in die Augen schießen ließ. Mein

Tank für Mut und Durchhaltewillen schaltete auf Reserve. Lange würde ich nicht mehr durchhalten, mir ging die Kraft aus. Damals hatte ich wirklich das Gefühl, mich durch die komplette Staffel zu heulen. Heute sehe ich diese Zeit bei *Germany's next Topmodel* nüchterner. Es waren nicht wir Mädchen, die Schuld hatten an den emotionalen Exzessen, an den Streits, den Ausrastern – es war das Konzept der Sendung, das all dies zutage förderte. Es ist diese Mischung aus Magersucht und Mobbing, aus Zickenzoff und Adrenalinbädern, die menschliche Fassaden einreißt. Den Mädchen wird die Möglichkeit vorgegaukelt, ihre unschuldigen Cinderella-Träume könnten tatsächlich wahr werden. Und bei all dem werden die Zuschauer zu feixenden Voyeuren. Bewusst war das natürlich damals keiner von uns, wir alle waren zu jung und viel zu naiv.

Nachdem wir aus Amerika zurückgekehrt waren, fand in Düsseldorf gleich das nächste Shooting statt: Diesmal wurden Fotos gemacht, auf denen wir mit allerhand tierischen Accessoires zu sehen waren – haufenweise Spinnen und Schlangen. *Ganz schön symbolträchtig*, fand ich und dachte an den Handy-Streit mit den anderen Mädchen. Während der Aufnahmen rief mich Heidi plötzlich zu sich, um mir etwas mitzuteilen, das mir irgendwie bereits bekannt vorkam: Es ging wieder einmal um Nacktaufnahmen von mir. Bei *Germany's next Topmodel* war es nicht verboten, solche Fotos zu machen, aber ich glaube, Heidi brauchte einen kleinen Skandal in der Sendung, einen kleinen Schocker, und dazu hatte sie mich rausgepickt. Obwohl das Gollum-Mädchen in mir – endlich! – lautstark protestierte (»*Lass dir das nicht bieten, mein Schatz. Lass dich nicht so zurechtstutzen von jemandem, der seinen Brüsten Namen gibt. Hans und Franz, wie lächerlich ist das denn!*«), habe ich mich schließlich entschuldigt. Mit einem gewaltigen Kloß im Hals, jedoch immerhin ohne zu weinen. Die drei, also Heidi und Hans und Franz, haben mich dann noch eine Runde weiterkommen lassen, bis ein mittlerweile legendärer Satz mein Schicksal schließlich besiegelte: »Ich habe heute leider kein Foto für dich!« Das war es also, ich war raus. Wochen voller Bangen, Zittern, Hungern und Streiten fanden unter Heidis verbaler Eiswürfeldusche ihr jähes Ende. Im Endeffekt hatte ich ihr nichts recht machen können – ich war zu dick, zu klein, zu sexy, zu nackt.

Was für eine himmelschreiende Ungerechtigkeit, dachte ich damals, *sollen sie mich doch alle mal kreuzweise!* Ich war nicht am Boden zerstört über das Aus – irgendwann musste ja auch Schluss sein mit der Heulerei! –, ich war einfach nur wütend. Schnaubend wie eine historische Dampflok packte ich meine Siebensachen, stürmte aus der Model-WG und fuhr schnurstracks zu McDonald's, wo ich den besten Burger meines Lebens aß und mir mit fetttriefenden Fingern schwor, es auch ohne Heidi und ihre beiden Dekolleté-Kumpels zu schaffen. Heute, fast acht Jahre später, bin ich ihr nicht mehr böse, in einigen Punkten lag sie sicher richtig. Ich habe sie seit damals nur noch ein einziges Mal gesehen. Während der Oscar-Verleihung 2011 war ich auf der Party von Elton John eingeladen, ein wirklich großartiges Fest mit den größten Hollywoodstars, heißen Flirts und überraschenden Begegnungen (alles darüber könnt ihr im

Kapitel »Hollywood Affairs« lesen). Heidi war auch auf dieser Party, und ich hätte gerne ein paar Worte mit ihr gewechselt und ein gemeinsames Foto gemacht. Doch sie hat abgelehnt. Ich glaube, sie will einfach keinen Kontakt mehr zu Mädchen wie mir, Sarah Knappik oder Gina-Lisa. Wir ramponieren ihr Image. Sie kann nichts anfangen mit Nacktmodels, It-Girls und Trash-Queens – doch das sind nun mal die Mädels, die bei *Germany's Next Topmodel* herauskommen. Das erinnert vielleicht ein bisschen an die Geschichte von den Geistern, die man rief ...

Wie auch immer: Nach dem Aus bei GNTM habe ich versucht, meinen McDonald's-Schwur Wirklichkeit werden zu lassen. Wenn man etwas so sehr will wie ich das Modeln, dann musste es doch irgendwie möglich sein. Noch glaubte ich an meine Chance, also ging ich zu Modelagenturen, die mich erst nach Athen, dann nach Istanbul schickten. Dort saß ich mit ein paar anderen Mädchen in einem schmuddeligen, muffigen Apartment und drehte Däumchen. Und wenn wir das nicht taten, gingen wir zu Castings – ein frustrierender Lauf durchs Hamsterrad, immer wieder aufs Neue: Zeig mal dein Modelbuch, Fleischbeschau, Abfrage der Körpermaße, okay, danke, die Nächste. Alles in allem habe ich vielleicht drei kleine Pipifax-Aufträge bekommen, die Konkurrenz in diesem Geschäft ist einfach riesig. Wir waren wie ein Taubenschwarm auf dem Markusplatz in Venedig, der sich um zwei, drei Brotkrumen balgt. Die Spirale aus Frust und Hungern drehte sich weiter, bohrte sich tief in Körper und Seele. *Ich muss noch viel schlanker werden*, trichterte ich mir ein. Heidi hatte wohl recht gehabt: An den Hüften, am Po, an den Schenkeln – überall musste der Speck weg! Dann würde man mich endlich auch buchen. Ich wurde immer knochiger, die ganze Weiblichkeit ging flöten, bis ich bei einer Größe von 1,75 nur noch 49 Kilo auf die Waage brachte. Ich zählte wirklich jede Kalorie – doch Jobs habe ich immer noch keine bekommen. Den meisten anderen Mädchen ging es nicht viel besser. Und so stieg der Frustlevel – was manche durch Verstöße gegen das Betäubungsmittelgesetz zu kompensieren versuchten und andere durch häufiges Teilen der Bettlaken mit ständig wechselnden Model-Bookern oder männlichen Models. Beide Varianten kamen damals für mich nicht infrage: Wie sollte man – falls doch einmal ein Job reinkäme – professionell arbeiten, wenn man die ganze Nacht durchgemacht hatte? Versoffen oder verkokst vor der Kamera zu stehen, das wäre für mich unmöglich gewesen. Nein, ich blieb anständig, Job ist Job – selbst wenn man keinen hat. Ab und zu klingelte das Telefon, dann bin ich jedes Mal erwartungsvoll aufgesprungen – doch meistens war es nur meine Bookerin mit geheuchelten Durchhalteparolen oder Mama, deren Mutmach-Anrufe wenigstens ein bisschen gegen die schleichende Einsamkeit und das bohrende Heimweh halfen. Wochenlang ging das so, die Tage plätscherten dahin wie eine defekte Klospülung. Als mir schließlich ein befreundetes Model bitterlich weinend erzählte, dass es endlich, endlich einen Auftrag ergattert hätte – nämlich für Umstandsmode –, sind meine Illusionen endgültig zusammengebrochen. Dieses Mädchen hatte eine tolle, weibliche Figur, und die einzige Verwendung, die sich scheinbar für diesen Traumkörper fand, waren Aufnahmen für Schwangerschaftsklamotten – nein, hier lief etwas ganz gehörig schief! Das war nicht meine Welt, nicht mein Weg, hier würde und wollte ich nicht weitergehen.

Ich brach meine Auslandszelte schließlich ab und ging zurück nach Deutschland. Dort habe ich noch genau einen Modeljob gemacht – eine Plakat-Kampagne für das Kultbier *Salitos* – und dann eine endgültige Entscheidung getroffen: Ich würde diese Opfershow selbst beenden, es war ein Kampf gegen Windmühlen, den Donna Quijote niemals gewinnen konnte. Lange genug hatte ich mich an einer trügerischen Hoffnung festgekrallt, jetzt war es an der Zeit loszulassen. Goodbye, ihr Fashion-Shows; au revoir, ihr internationalen Laufstege; arrivederci, ihr großen Modetitel. Ich war als Model einfach nicht gefragt. Ich hatte nicht die richtigen Maße und auch kein Million-Dollar-Gesicht. Mir hat einfach dieses gewisse Etwas gefehlt, das letztlich darüber entscheidet, ob dein Foto in der *Vogue* oder im Versandhauskatalog landet. Also begrub ich meinen Modeltraum. Es spielte keine Kapelle. Es flossen keine Tränen. Und es tat nur noch ein bisschen weh. Mein Gollum-Mädchen hielt schließlich die Trauerrede, die eigentlich gar keine war: »*Jetzt fühlst du dich besser, mein Schatz, freier, ja? Jetzt kannst du wieder essen und trinken und lachen. Kein garstiges Knochengestell mehr, keine Laufsteg-Model-Hirngespinste. Du musst stärker werden, mein Schatz. Und abgebrühter. Du lässt dich nicht mehr rumschubsen, verstehst du! Du stehst jetzt auf und zeigst denen, wer du wirklich bist. Hör auf deine innere Stimme, mein Schatz, hör auf mich …*«

Obwohl ich es mir damals noch nicht ganz eingestehen wollte, hatte das Gollum-Mädchen natürlich recht: Es war ein rigoroses Umdenken in meiner Berühmtwerden-Planung notwendig; ein Umdenken, für das ich nicht nur eine dicke Schutzschicht über mein Herz ziehen musste, sondern auch meinen Körper weiter aufpimpen musste …

My Body is a Baustelle

»Eine Baustelle im Sinne von § 1 Absatz 3 der Baustellenverordnung ist der Ort, an dem ein Bauvorhaben ausgeführt wird, bei dem eine oder mehrere bauliche Anlagen auf Veranlassung eines Bauherren errichtet, geändert oder abgebrochen und die dazugehörigen Vorbereitungs- und Abschlussarbeiten durchgeführt werden.«

Diese brottrockene Definition, die ungefähr so aufregend daherkommt wie die André-Rieu-Gedächtnisfrisur meines Nachbarn, trifft irgendwie auch auf mich zu: Mein Körper ist definitiv eine Baustelle. Denn bei meiner Nasen-OP – von diesem Eingriff habe ich ja bereits erzählt – ist es nicht geblieben. Bei Weitem nicht. Als ich 18 war, schien mir die Zeit reif für den nächsten, noch viel wichtigeren Bauabschnitt: Ich fand schon länger, es musste dringend etwas in Sachen Vorbau unternommen werden. Ich hatte damals wirklich überhaupt keine Brüste, nichts, nada, ich war so flach wie die Eigernordwand, über die der Wintersturm peitscht. Also musste der Chirurg meines Vertrauens wieder ran, er würde sich meinen beiden Mückenstichen schon annehmen. Weil ich manchmal sehr überzeugend sein kann, war es nicht allzu schwer, meine Mama davon zu überzeugen, das Familiensparbuch für mich zu plündern. Kurz darauf lag ich auf dem OP-Tisch. Ein vor Nervosität feucht-kalter Händedruck, ein letzter Mut machender Mama-Blick – sie war natürlich zur Unterstützung mitgekommen dann bin ich weggedämmert. Als ich nach der Anästhesie wieder aufwachte, war in meinem Leben nichts mehr wie vorher.

Nachdem mir der OP-Verband abgenommen wurde, stand ich wieder vor meinem Spiegel, und was soll ich sagen: Statt der wenig einladenden Eigernordwand reckten sich mir jetzt zwei hübsche Silikonhügel entgegen. Willkommen zum (Auf-)Richt-Fest! 265 Gramm, 75B, sanft geschwungene Tropfenform – wie wunderbar! Neues Leben, lass dich umarmen! Wo früher Scham war, fühlte ich plötzlich neues Selbstbewusstsein, und aus dem schüchternen Mädchen wurde ein abenteuerlustiger Teenie. Ich hatte bis dahin noch keinen Freund gehabt, war tatsächlich noch Jungfrau und habe mich in meinem emotionalen Schneckenhaus verbarrikadiert. Doch das sollte sich jetzt sehr schnell ändern. Von nun an schoss ich durchs Leben wie eine Flipperkugel durch den Spielautomaten: Flirts, Partys und endlich die ersten erotischen Abenteuer – aber dazu später mehr.

In den darauffolgenden Jahren ging es munter weiter mit den Arbeiten auf Micas Baustelle. Irgendwann folgte die zweite Nasen-OP, dann eine dritte, die mir ein wundervoll graziles Näschen à la Hollywoodstar Jessica Biel beschert hat. Ich bekam Hyaluron in Wangen und Lippen gespritzt und ließ mir neue 1A-Beißerchen in strahlendem Dr.-Best-Weiß verpassen. Auch an meinem Dekolleté wurde weiter Aufbauarbeit geleistet. Mittlerweile liegen vier Operationen hinter mir, und ich bin stolze Besitzerin von zwei recht beachtlichen 75D-Prachtstücken mit je 525 Gramm Silikon. Und wisst ihr was, das war's – seit 2012 habe ich meinen Traumbusen, größer soll er nicht mehr werden. Ordentlich Holz vor der Hütte – wow, toll! Ein ganzer Wald wie zum Beispiel bei meiner allerliebsten Lieblingsfeindin Gina Goldlöckchen Lisa – das muss nicht sein. Da sage ich als erfahrene Bauherrin: Solche XXL-Anbauten sind optisch fragwürdig und statisch sicher eine Herausforderung. Abgesehen davon will ich mir schließlich Klamotten und BHs weiter in schicken Boutiquen kaufen und sie nicht maßschneidern lassen müssen. Das kostet zu viel Zeit. Und Geld. Und dazu bin ich viel zu geizig. Die ganzen Operationen – auch wenn ich u. a. mit Dr. Klaus Plogmeier aus Berlin oder Dr. Lutz Kaiser aus Bremen einige großzügige Sponsoren habe – verschlingen nämlich schon eine Menge Knete. Hier habt ihr mal einen kleinen Einblick in meine vorläufige OP-Liste:

Natürlich kommt es auf meine inneren Werte an!

1. Nasen- und Kinn-OP:	6.000 Euro
1. Brust-OP:	5.000 Euro
2. Brust-OP:	5.000 Euro
2. Nasen-OP:	4.000 Euro
3. Nasen-OP:	4.000 Euro
3. Brust-OP:	5.000 Euro
4. Brust-OP:	5.000 Euro
Zähne:	12.000 Euro
Diverse Unterspritzungen:	8.000 Euro
Gesamt:	54.000 Euro

Dreimal die Nase und gleich viermal die Brust: Warum dieser OP-Marathon, werden sich jetzt sicher einige von euch fragen. War das wirklich notwendig?

Mädels, zuerst einmal zu euch: Wisst ihr was, ich stehe einfach auf große Brüste! Ich fasse sie gerne an, knete sie, was mich manchmal sogar erregt. Ziemlich abgefahren, meint ihr? Nun ja, vielleicht. Immerhin gebe ich ihnen keine Namen, kein Hans, kein Franz – entschuldige, Heidi! –, das finde ich nämlich ein bisschen albern. Noch lieber hätte ich natürliche große Brüste, klar. Doch die wurden mir nun mal nicht ins Körbchen gelegt. Nicht jeden von uns hat der liebe Gott als Bar Refaeli auf der Erde ausgewildert, und manchmal muss man seinem Glück eben auf die Sprünge helfen.

Also: Warum soll ich mir meine Träume nicht erfüllen? Ich wurde in diesem Körper geboren – aber muss ich ihn so akzeptieren, wie er ist? Muss ich ständig meine Problemzonen verstecken oder mich unglücklich fühlen, wenn ich an einem Spiegel vorbeigehe? Nein, das muss ich nicht! Dieser Druck hat mich lange genug belastet und gehemmt. Jeder hat nur ein Leben und einen Körper – und beides darf man sich durchaus so gestalten, wie man es möchte. Was nicht passt, wird eben passend gemacht. Es gibt mittlerweile viele tolle Ärzte, die Risiken sind überschaubar. Okay, die Schmerzen sind zum Teil kein Zuckerschlecken. Gerade bei den Brüsten. Aber das dauert nicht lange, und dann kommt der Stolz, das wunderbare Gefühl, sich schöner und selbstbewusster zu fühlen. Also, Mädels, macht eure Träume wahr! Und lasst euch nicht in die Ecke quatschen von frustrierten Natürlichkeitsaposteln, die auch das beste

Argument der Schönheitschirurgie niedermachen wie Wanderheuschrecken ein Kornfeld. Es ist euer Körper, es ist eure Gefühlswelt – und ihr entscheidet!

So, Jungs, und nun zu euch: »Das hast du doch gar nicht nötig.« Oder: »Wegen mir hättest du das nicht machen müssen.« Solche Kommentare höre ich oft, da wird jedes Mal ein ganzer Stoß Süßholz geraspelt. Ich glaube, die meisten Männer können einfach nicht nachvollziehen, dass wir Frauen solche Operationen meist für UNS machen und nicht, um den selbst ernannten Herren der Schöpfung zu gefallen. Und einmal abgesehen davon: Die Männer, die meine Brüste dann trotz anfänglicher Skepsis in der Hand hatten, die sie berührt und gestreichelt haben, waren wirklich alle begeistert – jedenfalls, wenn ich ihren tiefergelegten Dackelblick richtig gedeutet habe …

Man kann alles noch ein bisschen besser machen, das kennt ihr doch von euren heißgeliebten Autos, oder? Ein neuer Satz Felgen, ein Auspuff-Tuning, eine coole Lackierung – alles Dinge, die man nicht zum Überleben braucht, für die ihr aber zur Not eure eigene Schwiegermutter auf dem Flohmarkt verscherbeln würdet. Also entspannt euch und gönnt uns Frauen ruhig ein bisschen Body-Pimping!

Übrigens, und das möchte ich hier jetzt einmal klarstellen, gelten auf meiner Baustelle recht strenge Richtlinien. Das bezieht sich natürlich auch auf die Auswahl der Baustoffe. Seit einiger Zeit verwende ich zum Beispiel überhaupt kein Botox mehr. Das radiert die ganze Lebendigkeit aus dem Gesicht, lässt es zur unbewegten Maske erstarren. Gerade bei Werbeauftritten und Shootings merkte man mir das an: Wenn Fotografen und Kameraleute mich aufforderten, skeptisch oder erschrocken zu gucken, hat sich mein Gesicht einfach nicht mehr verändert. Keine Regung, keine Emotion, gruselig – damit habe ich definitiv aufgehört. Wir haben im Fernsehen schon genügend Mimik-Minimalisten mit nur einem einzigen 08/15-Gesichtsausdruck, der natürlich niemals entgleist.

Auch Fettabsaugen kommt nicht in die Tüte. Die Gefahr, dass Dellen zurückbleiben, ist mir einfach zu groß. In diesem Fall greife ich wirklich lieber auf Altbewährtes zurück: Sport und gute Ernährung. *Und was ist mit den kleinen alltäglichen Beauty-Quickies?*, werdet ihr jetzt vielleicht fragen. Ehrlich gesagt, sind die auch nicht mein Ding. Ich bin kein Fan von Münz-Mallorca (das Solarium macht die Haut runzelig), ich habe keine Extensions (das verfilzt viel zu schnell), keine aufgeklebten Fingernägel (solche Freddy-Krüger-Gedächtniskrallen brechen grundsätzlich ab) und auch keine dauerhafte Wimpernverdichtung. Eigentlich mag ich nur fest eingebaute Schönheit. Alles muss sitzen und fest verschraubt sein – Pfusch am Bau gibt's bei mir nicht.

Was es aber gibt, sind jede Menge Einblicke in die Baupläne – was in Deutschland überaus selten ist, wie ich finde. Manchmal habe ich das Gefühl, ich bin der einzige Mensch hier, der offen über seine Operationen spricht. Die meisten greifen doch bei diesem Thema ganz tief in die Münchhausen-Kiste: All die Schauspielerinnen, Moderatorinnen und Models, die behaupten, sie würden so strahlend jugendlich aussehen, weil sie jeden Abend ein gutes Glas Rotwein trinken, an der frischen Luft spazieren gehen und am Wochenende im Yoga-Studio meditieren – mein Gott, diese Märchenstunden sind wirklich so was von drollig. Und enthalten ungefähr so viel Wahrheit wie die Glückskeksweisheiten beim Chinesen um die Ecke. Außerdem sind solche Verschleierungstaktiken meiner Meinung nach vollkommen unnötig. Schiefe Zähne werden überkront, lange Haare werden geschnitten – und kleine Brüste werden eben vergrößert. Stehen wir doch einfach dazu! Es geht doch auch gar nicht darum, das Altern aufzuhalten, sich krampfhaft am Rand irgendeines Jungbrunnens festzukrallen. Ich zum Beispiel genieße es, älter zu werden. Ich stehe dazu, ja wirklich. Mir geht es viel eher darum, in einem Körper zu leben, der genau so aussieht, wie ich ihn mir vorstelle. Das ist ein Prozess, der mich vermutlich mein ganzes Leben hindurch begleiten wird. Irgendwie macht mich das zu so etwas wie dem neuen Berliner Flughafen auf zwei Beinen – zu einer Endlos-Baustelle mit jeder Menge Teileröffnungen, die niemals richtig fertig wird. Wartung, Reparatur, Inspektion – bei mir ist der Weg das Ziel. Irgendwann steht vielleicht einmal eine Altbausanierung im Gesicht an, dann denkt man über eine Aufpolsterung des Pos nach oder über das Entfernen einer Rippe, um eine schmalere Taille zu bekommen. Im Prinzip würde ich mir alles operieren lassen, solange das Risiko überschaubar ist. Mir ist allerdings auch klar, dass ich mich da auf einem sehr schmalen Grat bewege.

Sind wir doch mal ehrlich: Wie viele Gesichtsgeisterbahnen laufen denn da draußen rum? Frauen, die so zurechtgeschnitzt wurden, dass man sie ohne Zögern für den fünften Teil der Alien-Reihe besetzen könnte; oder männliche Körperfett-Fetischisten, die sich mal eben zwei Drittel ihres Allerwertesten in die Visage jubilieren lassen. Könnte mir so etwas auch passieren? Das frage ich mich immer wieder. Theoretisch schon. Eine Baustelle, auf der die Kontrolle verloren geht; auf der dann irgendwann gar nichts mehr geht, weil das Fundament irreparabel verhunzt wurde. Davor habe ich wirklich einen Heidenrespekt. Deswegen überprüfe ich mich ständig: Wie wirke ich? Sehe ich noch natürlich aus? Oder werde ich langsam zum Freak? Bislang kann ich all diese Fragen zu meiner Zufriedenheit beantworten. Und auch meine wichtigsten Ratgeber – meine Mama und meine Oma Christel, die mich beide rührend unterstützen – sind einverstanden mit den Ergebnissen ihrer umtriebigen Bauherrin.

Also gibt es bislang keinen Grund, auch nur eine einzige Operation zu bereuen. Wenn ich mir überlege, was ich bisher erreicht habe, dann muss ich sagen: Alles hat sich gelohnt! Wo wäre ich denn sonst im Leben? Ich würde in einer Apotheke stehen, 800 Euro netto verdienen, wäre verheiratet oder vielleicht inzwischen sogar schon wieder geschieden oder eine alleinerziehende Mutter, die auf dem Spielplatz mit ähnlich frustrierten Mamis Dinkelkeksrezepte austauscht. Für manche mag es das Nonplusultra sein, aber ich wäre definitiv nicht glücklich damit. Mein Traum wäre ohne die Schönheitschirurgie niemals wahr geworden. Eine zweite Heidi Klum bin ich natürlich nicht geworden – aber ich bin Deutschlands erfolgreichstes Nacktmodel. Immerhin.

Da ist es doch ganz klar, dass ich meinen Körper in Schuss halten muss. Er ist schließlich mein Kapital. Ein Hintern wie das Profil eines Pirelli-Reifens? *No way*, das kann ich mir einfach nicht leisten. Eine Beth Dito oder eine Adele können aussehen, wie sie wollen – diese Frauen haben unfassbar tolle Stimmen. Aber ich? Die Geschmeidigkeit meiner Stimme hält sich – zurückhaltend formuliert – in Grenzen, ich spiele weder ein Instrument, noch kann ich malen oder Schillers Glocke in sieben Sprachen rezitieren. Und als Comedian wäre ich nur ungleich lustiger als eine Blasenentzündung. Ich muss einfach immer gut aussehen, um Erfolg zu haben. Ich kann nichts kaschieren, nichts verstecken – schließlich arbeite ich meist nackt und vor Millionen von Zuschauern ...

Von Dschungel-Mobbing & Flirt-Primaten: Was ich hinter den Kulissen von TV-Shows wirklich erlebe

Reality-TV ist meine Welt, ich liebe es! *Big Brother*, *Supertalent*, *Reality Queens* oder *Dschungelcamp* – ich war fast überall. Klar, dass man da eine Menge erlebt. Bei einigen Dingen muss ich mir leider fest auf die Zunge beißen, obwohl ich ja zu gerne ein bisschen plaudern würde – doch die Verträge bei solchen Sendungen sind wirklich knüppelhart. Andererseits ... Ach was, wenigstens ein paar Geheimnisse zu lüften, muss schon drin sein ...

Das RTL-*Dschungelcamp* hat mir am meisten Spaß gemacht – das war eine wirkliche Herausforderung. Dabei geht es jedoch nicht um den ach so gefährlichen Urwald – es ist ja nicht so, dass die Kandidaten irgendwo in the middle of Australiens nowhere ums Überleben kämpfen würden. Wie auch schon findige Journalisten des ZDF-Magazins *Frontal 21* oder des *Stern* herausgefunden haben wollen, liegt das Camp in der Nähe des Ortes Murwillumbah in New South Wales und war früher eine einfache Farm, bevor ein Bataillon bienchenfleißiger Bauarbeiter daraus einen fernsehfitten Urwald gezaubert hat. Der floral aufgepimpte und von grimmigen Wachleuten abgeschirmte Themenpark ist präpariert, das habe selbst ich trotz meiner minus sechs Dioptrin bemerkt: Zum Beispiel sind der nur ein paar Meter vom Camp entfernte Teich und der kleine Wasserfall, in dem auch ich – natürlich kameragerecht in Szene gesetzt! – geduscht habe, künstlich angelegt. Außerdem hat man mir geflüstert, dass das Wasser dort leicht gechlort sein soll. Von den überall fest installierten Kameras in den Bäumen oder den Filmteams, die in Tarnanzügen und mit urwaldgrüner Schminke im Gesicht irgendwo im Gebüsch hocken, kriegt man als Kandidat kaum etwas mit – wohl aber von den mobilen Kameraleuten, die uns auf Schritt und Tritt verfolgt haben. Wenn man genau hinsieht, bemerkt man auch die Planen, die über dem Lager oben in den Bäumen hängen und als Regenschutz dienen sollen – ob nun für all das technische Equipment oder aber für das menschliche Inventar weiß man nicht so genau. Wirklich trocken bleibt man allerdings so oder so nicht. Wenn es richtig schüttet, läuft das Wasser eben links und rechts von der Plane herunter und pritschelt alles nass.

Die erste Nacht im Camp: Ich hatte Wache. Mein

Schlafsack war klamm und feucht, bereits nach so kurzer Zeit roch alles ein bisschen modrig. Die einzigen halbwegs trockenen Plätze waren die kleine Hütte mit dem Dschungeltelefon und das Plumpsklo – wo es allerdings bestialisch stank. Die Wärme des kleinen Feuers in der Mitte des Lagerplatzes stieg hoch in ein teerschwarzes Nichts. Meine Mitstreiter schliefen – komatöse, auf Pritschen aufgebahrte Mümmelmumien. Mich hatte Mister Sandman anscheinend vergessen – ich konnte nicht schlafen, fröstelte mich nervös durch die Stunden. *Was ist das für ein Rascheln? Hinter dem Farn da hinten hat sich doch was bewegt ...* Auch mein Gollum-Mädchen war nicht so cool wie gewohnt. In meinem Kopf poppten Bilder auf, die wohl lediglich für Professor Grzimek im Tierfilmer-Himmel eine gewisse Faszination bargen – für mich allerdings ziemlich gruselig waren: Ich sah Schlangen durchs Gebüsch kriechen, Spinnen und was weiß ich noch für possierliche Krabbeltierchen, die sich womöglich durch irgendwelche Öffnungen Zutritt zu meinem Körper verschaffen würden ... Doch nichts geschah, und irgendwann bin ich endlich weggedöst. Später habe ich dann erfahren, dass ich mir vollkommen grundlos Sorgen gemacht hatte: Mitarbeiter durchforsten täglich das Gelände und entfernen alle ungebetenen Gäste. Die einzigen gefährlichen Nattern im Camp kommen auf zwei Beinen daher ...

Wenn man so auf engstem Raum aufeinanderhockt – das Pritschenlager hat sicher nicht mehr als 30 Quadratmeter –, fangen die Fassaden relativ schnell an zu bröckeln. Und was man dann zu sehen bekommt, auweia! Arroganz, Feigheit, Verlogenheit – die ganzen Tiefen menschlicher Abgründe. Und so pingelig die Produktion bei den Luxusgegenständen auch ist, die man hierher mitbringen darf: Einen Rucksack voller Probleme haben die meisten Camper mit im Gepäck; eines der häufigsten dürften übrigens Entzugserscheinungen sein. Ob Alkohol oder Drogen: *Ich bin ein Star – holt mich hier raus!* scheint für viele so etwas wie eine Outdoor-Entzugsklinik zu sein. Auch in früheren Staffeln war das bereits so – zumindest wenn man dem Wald- und Flurfunk glauben darf: Da soll zum Beispiel ein hochgeschätzter Kollege vor dem Start der zweiten Staffel derart ausgiebig Schnee-Walzer getanzt haben, dass er anschließend im – doch recht rohstoffarmen – Camp kaum die Füße still halten konnte. Sagt man jedenfalls. Ja, ja, apropos Einsamkeit ... Auch eine berufsmäßige Exfreundin hatte damit so ihre Probleme, sie vermisste ihre Freunde wirklich sehr – vermutlich vor allem die in flüssiger Form. Angeblich ließ sie sich nach ihrem Auszug hibbelig wie ein arabischer Vollblüter auf der Rennbahn schnurstracks in einen Supermarkt chauffieren: lecker Weinchen, bezahlen, entkorken, und Prost – naja, wer viel schwitzt, muss viel trinken ...

Natürlich gab es auch in der Staffel, bei der ich teilgenommen hatte, den einen oder anderen, der – obwohl es teilweise wie aus Eimern schüttete – irgendwie auf dem Trockenen zu sitzen schien: Insbesondere einem ging es relativ schnell nicht mehr gut, fand ich. Allerdings hingen bei ihm grundsätzlich die Augenlider tief, und so ließ sich nicht eindeutig feststellen, ob nur auslaugender Schlafmangel an ihm nagte oder ob ihm noch etwas anderes fehlte. Auch um den ja sehr offen mit seinen Suchtproblemen umgehenden Hollywoodstar Brigitte Nielsen habe ich mir Sorgen gemacht. In der ersten Woche ging es ihr dreckig. Sie hatte Schüttelfrost, zitterte immer wieder am ganzen Körper. *Sie schafft es nicht*, dachte ich, *das geht schief* ... Da habe ich mich schon gefragt, ob sie – wie sie uns vorher beteuert hatte – jetzt wirklich clean war und ihr Leben ohne Alkohol im Griff hatte. Wenn es besonders schlimm wurde, ist sie zu Dr. Bob gestöckelt, dem »Arzt«, dem die Regenwald-Camper vertrauen. Okay, eigentlich ist er gar kein Doktor, sondern nur ausgebildeter Sanitäter. Früher hatte Bob McCarron, wie er in Wirklichkeit heißt, als Visagist für Spezialeffekte bei Blockbustern wie *Matrix* in Hollywood gearbeitet. Wie dem auch sei: Was immer Bob mit Brigitte gemacht hat, ihr mit einem Schwämmchen ein frisches Make-up ins Gesicht zu tupfen, war es sicher nicht – das hätte nicht gereicht ...

Dass Brigitte-wer-brät-mir-eine-Extrawurst-Nielsen für mich persönlich die größte Enttäuschung der 2012er-Staffel war, hatte natürlich einen anderen Grund als ihre offensichtlich angeschlagene Gesundheit: vehemente Kaffee-Forderungen, Endlos-Debatten mit der Produktion, ein Sitzstreik. Wie *Bild* auch schon berichtete, hatte die frühere Freundin von Sylvester Stallone abseits der Kameras ihr volles Diven-Potenzial entfaltet – bis sie schließlich charakterlich endgültig blankzog: Obwohl sie gerade Dschungel-Königin geworden war, hat sie uns anschließend alle hängen gelassen und ist nicht zur Abschlussfeier im Palazzo Versace Hotel erschienen. Übrigens ein toller Schuppen, wo schon mal Weltstars wie Mick Jagger oder U2-Sänger Bono ihre Köpfchen in die weichen Kissen knuddeln. Das hat Brigitte dann anscheinend auch gemacht. Kein gemeinsames Anstoßen, kein Tschüss, nichts. Wir haben sie kein einziges Mal mehr gesehen, der letzte Hauch von Hollywood-Glamour war verflogen. Extrem enttäuschend – vor allem, weil sie sich ja während der vorangegangenen zwei Wochen bemüht hatte, den Anschein zu erwecken, sie sei eine durch und durch sympathische und bodenständige Frau. Doch das ist sie meines Erachtens nicht, mehr will und darf ich zu diesem Thema nicht sagen. Nur so viel noch: Sie macht eine Show – zugegeben, eine gute Show! –, aber in Wahrheit ist sie knallhart und kalt. *»An ihr solltest du dir ein Beispiel nehmen, mein Schatz«*, hatte das Gollum-Mädchen damals öfter gesagt. *»Ja wirklich, mein Schatz, von der kannst du was lernen, meinst du nicht?«* Doch ich muss ja nicht auf alles hören, was meine imaginäre Ratgeberin zum Besten gibt. So abgebrüht bin ich dann doch nicht; alles hat seine Grenzen. Ich habe es lieber offen und freundschaftlich und geradeaus. Hintenherum mag beim Sex eine feine Abwechslung sein, beim Umgang mit anderen Menschen kann ich so etwas nicht leiden. *»Es tut gut, einen aufrechten Charakter in dieser Ansammlung schräger Typen zu haben«*, hat der *Tagesspiegel* einmal über meine Zeit im Camp geschrieben. Streicheleinheiten für mein Ego und Bestätigung zugleich – was einige Kandidaten natürlich anders gesehen haben. Ob die wirklich atemberaubend anstrengende Jazzy aus der ehemaligen Tic-Tac-Toe-Troika, die Rap mittlerweile mit Rütli-Reimen zu verwechseln scheint, oder Camp-Rambo Ramona Leiß, die vorsichtshalber schon immer die Nerven verloren hat, bevor wir sie auf eigene Fehler aufmerksam machen konnten: Auf der internen Camp-Beliebtheitsliste war ich vermutlich eher im unteren Drittel angesiedelt – und das war nicht einfach für mich.

Dschungelprüfungen und Verpflegung (Wasser sowie 70 Gramm Reis und 70 Gramm Bohnen pro Tag) waren wirklich auszuhalten – auch wenn es hier und da natürlich Überwindung kostete und ich so dünn wurde, dass Moderatorin Sonja Zietlow meinte, man könne mittlerweile die Seriennummern meiner Implantate erkennen. Viel schwieriger war es dagegen, mit all den Lästereien und Intrigen umzugehen – bedeuteten sie doch: Man mochte mich nicht! Diese verstohlenen Blicke; diese Momente, in denen du weißt: Jetzt haben sie sich wieder bei den Baumstämmen an der Feuerstelle zusammengerottet und zerreißen sich das Maul über dich. Die Meute im Mobbing-Modus – und du selbst bist ausgegrenzt, gehörst nicht dazu. Früher hätte ich in solchen Situationen klein beigegeben. Aber nicht im Dschungelcamp, da bestimmt nicht – obwohl zwischenzeitlich meine Nasenflügel vor Anspannung vibriert haben wie ein batteriebetriebener Freudenspender in der Nachttischschublade. Solche Situationen souverän zu meistern und nicht den Kopf hängen zu lassen, kostet viel Kraft und noch mehr Disziplin – jedenfalls weitaus mehr, als Maden zu futtern, sich eine Stabheuschrecke in den Mund zu schieben oder auf allen vieren durch eine Höhle voller Ratten zu kriechen.

Immer wieder habe ich versucht, mich auf mein Ziel zu konzentrieren oder mich mit kleinen Flirts abzulenken, die allerdings – das muss ich zugeben – nicht wirklich funktioniert haben: Der frühere Fußballbundesligaprofi Ailton war zu schüchtern oder lag bereits im Wachkoma – jedenfalls funkte es nicht beim selbst ernannten Kugelblitz, keine Love in den Lenden, nichts. Und da Uwe Ochsenknechts Sohn Rocco Stark allem Anschein nach Kim Gloss viel spannender fand als mich, Sänger Martin Kesici (»Angel of Berlin«) seiner Freundin offenbar partout treu bleiben wollte – und nebenbei sowieso nicht mein Typ war –, blieb schließlich nur noch Vincent Raven. Jetzt muss man allerdings wissen, dass der Schweizer Magier – höflich formuliert – ziemlich, nun ja, ungewöhnlich ist, sodass jedes Anbandeln für mich ziemlich sicher einen anschließenden Besuch bei einem Therapeuten bedeutet hätte. Also beschloss ich, mich ganz Zen-buddhistisch auf das zu konzentrieren, was ich am besten kann: Radikal-Exhibitionismus. Blanke Pobacken, dazwischen ein Borat-Gedächtnisstring – das wirklich kleinstmögliche aller Höschen! – und meine Brüste, die ich mir zu jeder Gelegenheit mit Massageöl eingerieben habe: Heiliger Bimbam, ich glaube, so nackig wie ich ist noch nie jemand durchs Dschungelcamp gehopst. Nonstop-Nudismus, der natürlich wieder nicht allen gepasst hat. Aber ich habe wenigstens niemandem etwas vorgegaukelt, nichts von Selbsterfahrung oder Grenzüberwindung gefaselt. Es war auch kein Statement, weder ein politisches noch eines, das etwas mit Emanzipation zu tun hätte. Ich habe – frei nach dem guten alten SPD-Motto »Arbeit muss sich wieder lohnen« – das getan, was von mir erwartet wurde; und ich glaube, den Zuschauern hat's gefallen. Immerhin hat mich mein voller Körpereinsatz auf den vierten Platz der Show gebracht. Alles in allem hatte ich in Australien eine großartige Zeit, die ich jederzeit wiederholen würde. Gar nicht mal nur wegen des vielen Geldes, das ich dafür bekommen habe, sondern auch, weil ich hier mein erotisches Kapital gegen eine andere höchst interessante Währung eintauschen konnte: Aufmerksamkeit – und die ist bei Millionen von Zuschauern einfach unbezahlbar.

Dagegen war *Big Brother* auf RTL2, wo ich 2010 mitgemacht habe, die schlimmste Show von allen. Bevor es überhaupt richtig losging, hatte ich eigentlich schon die Nase voll: Bereits vier Tage vor dem Start der Sendung wurden wir Kandidaten in einem Hotelzimmer kaserniert, mussten unsere Handys abgeben. Auch der Fernseher war aus dem Zimmer entfernt worden – wir sollten ja in den Vorberichten nicht sehen, wie es im Big-Brother-Haus aussieht. Kontakte zur Außenwelt und das Verlassen des Hotels waren absolut verboten. Quarantäne, ein bisschen wie Gefängnis. Und nach dem Einzug in den wie zu besten Stasi-Zeiten verwanzten Container ging die große Langeweile in die nächste Runde! Die meiste Zeit hockten wir nur herum – ich weiß nicht mehr, wie viele Pickel auf dem Po ich mir bei diesem Plattsitzen geholt habe – und starrten Löcher in die Luft. Okay, unsere Runde war aber auch so spannend wie ein Urlaubsdiaabend bei Onkel Herbert: Daniela Katzenbergers rustikale Mama Iris, sexy Cora (ein 2011 nach einer Schönheits-OP verstorbener Pornostar, der einmal versucht hatte, einen Blowjob-Weltrekord aufzustellen) und eine Handvoll Männer, die alle nicht unter dem Verdacht standen, jemals etwas zur Erweiterung ihres Horizonts unternommen zu haben … So weit, so unspektakulär. Das Schlimmste bei *Big Brother* war allerdings das Schlafverbot – wir durften nämlich erst gegen zwei Uhr nachts ins Bett gehen, sonst hätte die Produktion nicht genügend Material zur

Ausstrahlung zusammenbekommen. In den Live-Schaltungen nur schlafende, vor sich hin schnorchelnde Menschen zu zeigen, wäre ja auf Dauer nicht wirklich quotenfördernd gewesen. Also mussten wir durchhalten, und das war hart: keine richtige Aufgabe, 16 Stunden auf den Beinen – da verwandelte sich bei einigen die anfängliche Koketterie in Zickentum und Emotion in Hysterie. Debatten, Streits – Lagerkoller! Der Psychologe der Sendung, der sich um das seelische Wohlergehen von uns kümmern sollte, schob eine Sonderschicht nach der anderen. Kurz bevor ich anfing durchzudrehen und Schnick-Schnack-Schnuck gegen mich selbst zu spielen, habe auch ich mal an seine Tür geklopft. Doch obwohl der gute Mann wirklich im Wollwaschgang argumentierte, blieb ich auf Krawall gebürstet. Ich war schlecht drauf, heulte, war dann noch schlechter drauf – eine unheilvolle Kombination, die sich nach und nach nicht gerade förderlich auf meine Optik auswirkte. Das passte gar nicht zu mir, denn eigentlich bin ich ein absolut positiver Mensch. Doch es wurde immer schwieriger, mir ein Lächeln ins verheulte Gesicht zu zaubern. Als ich schließlich anfing, mich selbst unsympathisch zu finden – und selbst das Nacktduschen nur noch nervte! –, zog ich den Stöpsel und entschloss mich, die Nippeldichte der Show zu minimieren: Nach zwei Wochen bin ich freiwillig aus dem Container ausgezogen. Es war eine interessante Erfahrung. Doch ehrlich gesagt mag ich Shows lieber, bei denen es etwas mehr zur Sache geht, wo es eine klare Aufgabe gibt und ein Ziel.

Promiboxen ist zum Beispiel so ein Format, da habe ich gleich nach dem *Dschungelcamp* mitgemacht. Das

Pro7-Event stieg im Düsseldorfer Castello, und meine Gegnerin hieß Indira, die ehemalige Sängerin von Brosis. Das »Punching Beast« (450 Gramm Silikon in den Brüsten) gegen mich, den »Sexy Survivor« (damals mit 840 Gramm Silikon) – so hieß eine der heiß erwarteten Paarungen des Abends. Doch in die Haare geraten waren wir Kampfhennen uns schon vorher: »Die Schäfer würde doch selbst beim Pudelstreicheln mitmachen«, hatte Indira geätzt. Worauf ich ihr vorschlug, aufgrund ihrer Figur doch besser beim Promi-Sumoringen aufzutreten. Ich kann mir vorstellen, dass sie das mächtig gewurmt hat. Entsprechend aufgeputscht war der Punching-Pummel dann wohl auf Rache aus ... Ich solle mir das noch einmal überlegen, hatte mein Trainer in Berlin besorgt gemeint, das sei doch Selbstmord, »die wird dich richtig vermöbeln«. Doch ich bin kein Drückeberger, sollte sie doch erst einmal zeigen, was sie draufhatte. Ich schmiss mich also in mein knappes Silberhöschen, kletterte in den Ring, und – was soll ich sagen – die gute Indira ist gleich steilgegangen wie ein wütendes Wildschwein im Berliner Grunewald. Sie stürmte auf mich los, ließ ihre rosa Boxhandschuhe wirbeln. Wildes Trommelfeuer, wenn auch unkoordiniert. Mit meinen langen Armen konnte ich sie mir halbwegs vom Leib halten – doch mehr war nicht drin. Dreimal 90 Sekunden dauerte mein Überlebenskampf, dann hatte sie gewonnen. Nach Punkten. Sie hatte mich nicht k. o. geschlagen, mich nicht fein säuberlich filetiert. Im Großen und Ganzen ist alles heile geblieben. Unmittelbar nach dem Kampf habe ich mich mit dem Gedanken getröstet: *Gut, du konntest ja auch nicht jeden Tag trainieren – aber vielleicht hatte Indira auch einfach mehr Zeit dazu.* Heute glaube ich, dass ich auch mit mehr Vorbereitung verloren hätte; Indira wog viel mehr als ich, es steckte einfach so viel Power dahinter, die ich niemals hätte abfangen können. Wenn ich mir unseren Luder-Fight heute auf Video ansehe, muss ich allerdings sagen: Mit Boxsport hatte das nicht viel zu tun ... Taktik ist bei uns beiden nicht zu erkennen. Und eine Strategie? Nun, sie wollte mich plattmachen, und ich wollte den Ring in einem Stück wieder verlassen – mehr Strategie war da nicht. Dass wir uns bei dieser grobmotorischen Bewegungs-Legasthenie keine bleibenden Schäden geholt haben, war einfach Glück. Doch so viel Glück haben nicht alle, wie ich – und jetzt muss ich wirklich mal kurz ernst werden – als Kandidatin beim *TV Total Turmspringen* feststellen musste.

Im Training zur Show hatte sich Schauspieler Stephen Dürr – man kennt ihn aus der RTL-Serie *Alles was zählt* – nämlich wirklich schwer verletzt. Er war bei einem Sprung vom Drei-Meter-Brett mit der Stirn statt mit den Händen im Wasser angekommen, und dabei war sein Kopf ruckartig in den Nacken gerissen worden. Ich stand am Beckenrand, und mir schlotterten wirklich die Knie, als ich sah, was geschehen war: Stephen hatte Lähmungserscheinungen, wurde vom Notarzt ins Krankenhaus gebracht, dort in ein künstliches Koma versetzt und an der Halswirbelsäule operiert. Er musste Angst haben, für immer gelähmt zu bleiben – der pure Horror. Und obwohl es ihm Gott sei Dank heute wieder gut geht, habe ich meine Lehren daraus gezogen. Letztes Jahr wurde ich wieder für die Show angefragt – und das erste Mal in meinem Leben habe ich so ein Format abgesagt. Die Vernunft siegte. Im Endeffekt ist es nur ein Job, und für den riskiere ich nicht meine Gesundheit. Schließlich gibt es ja genug lustige, aber wesentlich ungefährlichere Sendungen: Beim *Supertalent* bin ich aus der Pappkiste eines Magiers gesprungen, ich bin als *Reality Queen* durch Afrika gezogen, und ich habe mit Schäfer Heinrich aus *Bauer sucht Frau* für sechs Tage das Leben getauscht. Er hat Berlin und meine Schlüpfer-Kommode unter die Lupe genommen; ich war währenddessen auf seinem Hof und habe den Stall ausgemistet, Kühe gemolken und bin Traktor gefahren. Ich habe mich wirklich schon quer durch die Fernsehlandschaft zum Äffchen gemacht. Doch genau das ist mein Job – ein Job, den ich wirklich liebe. Wenn es Reality-TV irgendwann einmal nicht mehr gibt, müsste ich mich neu erfinden – oder ich wäre arbeitslos. Um das zu verhindern, baut die kluge Frau natürlich vor …

Planet Porno – Meine Soft Skills in der Hardcore-Branche

Seit 2011 treibe ich mich regelmäßig für ein paar Tage auf Europas größter Erotikmesse herum: Ich bin das Werbegesicht – naja, man könnte auch sagen: der Werbebusen – der »Venus«, die jedes Jahr auf dem Berliner Messegelände stattfindet. Und ich muss sagen, die Atmosphäre dort ist schon speziell. Ich hatte in den Jahren zuvor mit dem Porno-Business ja nur sehr wenige Berührungspunkte – und plötzlich war ich mittendrin im Untenrum.

Meinen ersten Rundgang durch die Hallen werde ich niemals vergessen. Akut reizüberflutungsgefährdet tauchte ich ein in eine Welt voller doppelter Vorschnallpenisse und wasserdichter Analstöpsel, voller Pornostars und Livesex-Shows. Ich war gerade vor einem Podium angekommen, als ein gut bestückter Popp-Titan – *eben stand er doch noch neben mir und hat Kartoffelgurkensalat gefuttert!?* – auf die Bühne kletterte und seine Kollegin bestieg. Laserstrahlengespicktes Ad-hoc-Rammeln, dazu wummernde Technobeats und Hemmschwellen im rapiden Sinkflug. Vor der Bühne rottete sich spontan das Publikum zusammen, meist Männer, die mit ihren Handycams fiebrig das Paarungsverhalten geschlechtsreifer Horizontalkünstler heranzoomten – *näher, noch näher!* – und dann filmten, was die Speicherkarten hergaben. Immer neue Herren, die meisten hatten die 50 mit mehr oder weniger Würde bereits hinter sich gelassen, stürzten sich hektisch ins Gelümmel; genießen konnte man schließlich später zu Hause auf dem Sofa … Als der Hard-working-Hero auf der Bühne seiner Beischlafpartnerin schließlich auf die Brüste spritzte, war ich gerade einmal zehn Minuten in der Halle. Für mich war das ein klarer Fall von *too much information* – ganz eindeutig ZU VIELE Eindrücke, die ZU SCHNELL auf mich eingeprasselt waren. Ich glaube, der Königin der unverlangten Entblößung klappte kurzzeitig ein bisschen die Kinnlade herunter. Ich fand das alles irgendwie irritierend, fast etwas verstörend – und keinesfalls erotischer als einen khakifarbenen Schafswoll-String unterm Weihnachtsbaum. Doch gemerkt hat das vermutlich niemand. Ich hatte gerade noch rechtzeitig mein Lächeln angeknipst, das – wenn man meinem Gollum-Mädchen glauben möchte – irgendwo zwischen Little Miss Sunshine und dem

Engel mit den Eisaugen liegt. Zusammen mit einer ordentlichen Portion Make-up war es jedenfalls die perfekte Maske für meine ersten Schritte auf der »Venus«.

Im Laufe der Zeit habe ich mich – Job ist schließlich Job – auf diese anfangs so befremdliche Umgebung eingelassen, habe mich treiben lassen. Erotische Kleidung, Webcam-Girls, Videos, in Leder gehüllte Leute, die ihrem Partner an einer Leine folgen – manchmal sogar auf allen vieren. Zaghaftes Lust-Wandeln durch die Hallen brachte erst eine gewisse Sicherheit und erregte dann sogar Neugier. Ich fing an, mit Darstellern zu sprechen – auf der Messe tummelt sich wirklich alles, was im Unterleibsgeschäft Rang, Namen und hervorstechende Eigenschaften hat. Die meisten von ihnen erscheinen auf den ersten Blick nett und offen. Und nur ganz selten, wenn man ganz genau hinsieht, erkennt man in ihren Gesichtern so etwas wie eine ruhelos flackernde Leere, so etwas wie die Frage nach dem Sinn. Aber vielleicht habe ich da auch zu viel hineininterpretiert ... Mehr und mehr bin ich auch mit den Messebesuchern in Kontakt gekommen; viele haben mich erkannt – Plakate und Poster mit meinem Gesicht hingen schließlich in der ganzen Stadt. Ein kleiner Small-Talk, die Hand schütteln, ein Erinnerungsfoto schießen, ein schüchtern um meine Schultern gelegter Arm – ein bisschen Erotik zum Mitnehmen. So etwas kann das Internet, auch wenn man dort mit ein, zwei Mausklicks die komplette Pornopalette geboten kriegt, eben doch nicht bieten. Obwohl es auf der »Venus« natürlich viele männliche Freunde des ungezügelten Voyeurismus gibt, erinnere ich mich vor allem an junge experimentierfreudige Pärchen und an mutige Frauen, die meist gemeinsam mit einer Freundin auf Erkundungstouren gingen. Und ich erinnere mich an einen alten, eleganten Herrn, der stundenlang auf einem Stuhl neben dem Stand eines Sexspielzeugherstellers saß. Er trug einen gezirkelten Silberscheitel zum hellen Leinenanzug und erhob sich jedes Mal, wenn dunkelhaarige Frauen im näheren Umfeld vorbeigingen. Dazu ein Kopfnicken, wirklich rührend, immer wieder, ob bei mir oder anderen Brünetten. Und obwohl er stets allein blieb, lächelten seine Augen. Stundenlang. Irgendwann habe ich ihn angesprochen. Er suche hier nach jemandem, der ihm einmal viel bedeutet habe. Seine Stimme war sanft und dennoch von einer zielstrebigen Festigkeit. Die offensichtliche Einsamkeit dieses Mannes, gepaart mit seiner zurückhaltend-entrückten Freundlichkeit, das hat sich tief in mir eingebrannt. Ich bin mir nicht ganz sicher, vielleicht war er auf der Suche nach seiner Tochter oder seiner Enkelin. Vielleicht habe ich aber auch zu viele Hollywoodfilme gesehen, und bei Mister Lonesome brannten einfach nicht mehr alle Lampen im Kronleuchter; jedenfalls hat das Gollum-Mädchen so etwas Ähnliches behauptet. Doch dieses rührend unschuldige Bild, das er abgegeben hat inmitten von Erektionspumpen und aufblasbaren Gummipuppen, das hat die Membran meines Schutzschilds durchdrungen, das werde ich nie vergessen.

Laszives Rekeln, Gruppensex, der typische Geruch von Latex und Gummi – inzwischen finde ich mich auf Planet Porno ganz gut zurecht. Nach mittlerweile drei Jahren als Aushängeschild der Erotikmesse hänge ich nicht mehr fest in der »Venus«-Falle aus Schüchternheit und latent aufflackerndem Fremdschämen. Ich finde diese Welt spannend, zum Teil auch amüsant – und trotzdem möchte ich niemals wirklich Teil von ihr werden. Ich bin gerne Busenbotschafterin – aber eben kein exekutiv tätig werdendes Mitglied der Bang-Gang. Doch es gibt immer noch genügend Leute, die da etwas verwechseln und mich falsch einschätzen, frei nach dem Motto: Wer mit dauerblanken Möpsen durchs Leben geht, der dreht auch Pornos, basta! So simpel – so falsch. Ich habe so etwas noch nie gemacht, und ich werde so etwas auch nie machen. Ich weiß, dass ich gut im Bett bin; ich weiß, worauf Männer stehen. Aber Hardcore? Nein, das gehört nicht zu meinen Soft Skills, da können die Angebote noch so verlockend klingen. Das eine oder andere vergoldete Wiener Würstchen hängt man mir immer mal wieder vor die Nase, doch das höchste Gebot trudelte direkt nach dem *Dschungelcamp* ein. Mit 250 000 Euro wollte mich eine Produktionsfirma damals ködern – plus garantierter Umsatzbeteiligung. Unfassbar viel Geld. Galoppierende Träume von Freiheit und Abenteuer, einem sorgenfreien Leben. Ich hab kurz gezuckt – und den genitalen Offenbarungseid dann abgelehnt.

Für solche Filme müsste ich viel zu viel von mir preisgeben. Und ich müsste Dinge opfern, die nur mir gehören: die Karriere, die ich mir bis heute aufgebaut habe, die Achtung vor mir selbst, das Vertrauen von Familie und Freunden. Gerade für meine Mama wäre so etwas furchtbar. Sie ist ohnehin nicht wirklich glücklich über meine Streifzüge am Rande der Porno-Prärie. Sie mag die Leute nicht und findet meine Outfits teilweise zu sexy, manchmal sogar richtig ordinär. Es fällt ihr schwer zu akzeptieren, dass ich mein Konzept so am besten verkaufen kann, dass das Gesamtpaket Micaela Schäfer nur so funktionieren kann. Doch würde ich jetzt auch noch in schlüpfrigen Schmuddelfilmchen mitstöhnen, würde sie das unendlich traurig machen; und dann würde sie mit mütterlich entflammtem Löwenherz auf die Barrikaden stürmen und versuchen, ihre Tochter zu retten. Auch ein fester Freund würde so etwas natürlich niemals akzeptieren. Tagsüber multipler Stellungswechsel mit Long John und abends dann: *»Hallo Schatz, Lust auf Cordon Bleu? Ich spring mal eben schnell in die Küche«* – das kann einfach nicht funktionieren! Als Berufsnackedei habe ich eine für mich akzeptable Grenze gefunden, die ich niemals überschreiten darf. Innere Grenzwachposten unter dem Kommando des Gollum-Mädchens achten darauf, dass keine illegalen Übertritte stattfinden. Denn Porno, das ist ein Geschäft ohne Rückfahrtschein. Bist du einmal dabei, bleibst du es auch. Das haben mir die Mädchen auf der »Venus« bestätigt. Porno taugt für mich weder als einmaliges Abenteuer noch als Zukunftsperspektive. Selbst wenn ich in meinem Beruf nicht mehr arbeiten könnte, wenn mich wirklich niemand mehr sehen will und die ganze Welt bei meinem Anblick Magendarmkoliken bekommt, käme das für mich nicht infrage. Dann gehe ich lieber putzen oder setze mich an die Supermarktkasse. *»Guten Tag, Frau Schäfer, sind die Tomaten heute im Sonderangebot?«* – das fühlt sich tausendmal gesünder an als: *»So, Mica, und jetzt noch mal volles Rohr auf die Lustgrotte, in Nahaufnahme, bitte!«*

Sex gegen Geld – bei diesem Thema geht es nicht immer nur um Pornofilme, da geht es natürlich auch um Prostitution. Und, so schockierend das auch ist, manchmal scheint man mich wirklich für eines von diesen Mädchen zu halten ... Da melden sich dann die Assistenten von irgendwelchen Geschäftsleuten oder Wirtschaftsbossen und fragen an, ob man mich für ein Wochenende auf einer Luxus-Alm in den Schweizer Alpen buchen kann, Anfassen selbstverständlich inklusive; oder für einen zweiwöchigen Segeltörn in der Karibik, für den dann Summen von bis zu 30 000 Euro geboten werden. Cash auf die Hand, als ob ich ein Escort-Mädchen wäre. Hier hört der Spaß für mich auf. Ich verkaufe eine erotische Illusion, keinen Geschlechtsakt. Pimpern gegen Penunzen – von der Sorte gibt es wahrlich schon genug, die heiraten dann Ex-Sportler oder melken Musikproduzenten. Ja, ich habe mit vielen Männern geschlafen, und zugegeben, der Algorithmus meiner Auswahlkriterien war nicht wirklich komplex in meinen jungen Jahren. Doch wenn da überhaupt kein Gefühl ist, keine körperliche Anziehung, kein Verliebtsein, dann gehe ich mit Männern auch nicht ins Bett – ob sie mir nun Geld dafür auf den Nachttisch legen oder nicht. Ich kenne allerdings einige It-Girls, die das etwas anders handhaben; Mädels, die in Hochglanzmagazinen wie *Bunte* oder *Gala,* ohne mit der falschen Wimper zu zucken, erzählen, sie seien Model oder – auch immer gerne genannt – Schauspielerin; Mädels, die dann drei, vier Drehtage pro Jahr haben – aber regelmäßig mit Louis-Vuitton-Täschchen erster Klasse zum Champagner-Wochenende ins Fünf-Sterne-Hotel nach Cannes jetten, die auf allen wichtigen Partys aufschlagen und Haute Couture tragen. Woher kommt das Geld für all diese Dinge? Wer bezahlt das? Der nette Onkel Dagobert aus seinem Geldspeicher? Die Antworten darauf sind simpel, aber leider justiziabel – was mich daran erinnert, jetzt besser ein bisschen vorsichtig zu sein ... Um das ganz deutlich zu sagen: Ich schwinge mich hier nicht zu einer moralischen Instanz auf; die heilige Mica würde mir ohnehin niemand abnehmen. Ich finde es nicht schlimm, wenn Mädchen freiwillig so ihr Geld verdienen. Aber dann sollen sie auch dazu stehen und sich keine Märchen ausdenken. Nur für mich selber wäre es nichts – obwohl ich gar nicht leugnen will, dass auch ich früher über solche Angebote zumindest schon einmal nachgedacht habe. Da sitzt du zu Hause, die Rechnungen stapeln sich auf dem Wohnzimmertisch, du hast nicht gerade viele Jobs im kommenden Monat, und dann fängst du an zu rechnen ... 30 000 Euro für zwei Wochen Sonnenbaden mit anschließendem Koitus in der Koje, da könnte man sich wieder ein bisschen Luft verschaffen, da wären die größten Sorgen erst einmal passé, und RTL-Schuldnerberater Peter Zwegat würde bleiben, wo er ist – im Fernsehen. Doch wann immer ich solche Gedanken auf meinen moralischen Prüfstand gestellt habe, fiel das Urteil aus wie bei den Angeboten, einen Pornofilm zu drehen: Ich konnte und wollte es nicht. Niemals.

Trotzdem – und das kleine bisschen Gejammer sei mir jetzt gegönnt! – werde ich für meinen Geschmack viel zu oft in die Schlampen-Schublade gesteckt. Gut, aus mir ist keine Lehrerin geworden und auch keine Ärztin. Mein Wert für diese Gesellschaft ist bestimmt überschaubar und mein Mutter-Teresa-Faktor gering. Also erwarte ich auch nicht, dass man über meinem Haupt die leuchtende Fackel ehrlicher Anerkennung entzündet. Aber ich bin keine Nutte, kein Schmarotzer, kein parasitäres, berechnendes Luder. Ich habe meinen Weg gefunden, und ich arbeite hart für meinen Erfolg. Von morgens bis abends, sieben Tage die Woche. Niemand muss mir dafür übers Köpfchen streicheln, bestimmt nicht; aber ich will auch nicht, dass man mit dem Finger auf mich zeigt und mich angeekelt in die Schmuddelecke schiebt. Doch genau das geschieht. Nicht oft, aber immer wieder ... Da war zum Beispiel ein ehemaliger Fußball-Nationalspieler, der sich fast hysterisch abwendete, als ich ihn höflich um ein gemeinsames Foto bat; oder ein DSDS-Sieger, damals noch feucht hinter den Ohren, dem das Management ebenfalls absolutes Fotoverbot erteilt hatte. Ein Macho-Darsteller aus einer Daily-Soap mit ungesundem Lebensstil, dem laut YouTube-Video schon mal als konversationsergänzende Maßnahme die Hand ausrutscht – hat sogar einen Clubauftritt abgesagt, nachdem er erfahren hatte, dass ich an diesem Abend auch dabei sein würde. Er könne das mit seinem Image nicht vereinbaren. *Image? Welches Image?* Ich könnte ja verstehen, wenn der Leiter der katholischen Bischofskonferenz nicht gerade drei Ave Maria gen Himmel schalmeit, wenn es darum geht, sich mit mir ablichten zu lassen. Aber ein ehemaliger Fußballer oder ein verhaltensauffälliger TV-Trashie? Da fehlt mir vollkommen das Verständnis.

Erstaunlicherweise gehen solche vehement vorgetragenen Kommunikationsblockaden meist von Männern aus und nicht von Frauen, wie man es eigentlich erwarten könnte. Es sind weder verkopft-emanzipierte Trockenpflaumen noch wasserstoffblonde Hirntote, die neidzerfressen auf boshafte Distanz zu mir bedacht sind. Nein, wenn so etwas geschieht, dann sind es meistens die sogenannten Herren der Schöpfung. Die Frage nach dem Warum stelle ich mir in solchen Situationen immer wieder. Blockiert meine Präsenz angeborenes männliches Balzverhalten? Nehmen diese Männer sich selbst ein bisschen zu ernst? Oder könnte es vielleicht sogar sein, dass dieses wandelnde Botox- und Hyaluron-Endlager mit Erbsenhirn und XXL-Titten, für das sie mich scheinbar halten, ihnen bei öffentlichen Auftritten ein klein wenig die Show stiehlt? *Na, Jungs, ist das so? Auf diese Idee könnte man ja fast kommen ...* In Wahrheit ist es vermutlich eine Mischung aus allem – eine Mischung, die mich immer wieder kränkt und verletzt. Ich glaube, das ist wieder diese Sache mit der fehlenden Anerkennung. Nicht gemocht zu werden, ist für mich nach wie vor schwer auszuhalten. Früher waren es Mitschüler, die mich ausgrenzten, heute sind es sogenannte »Kollegen«, die ihre Nasen rümpfen. Im Endeffekt geht es immer um das Gleiche: Eigentlich möchte ich nur dazugehören. Aber gleichzeitig möchte ich auch so leben können, wie ich es will. Zwei Dinge, die scheinbar nur schwer miteinander zu vereinbaren sind – was mich mit steter Regelmäßigkeit in emotionale Tiefen schaukelt. Vermutlich wird es noch eine ganze Weile dauern, bis ich gegen solche Gefühle gewappnet bin, bis ich meinen Seelenpanzer wirklich festgezurrt habe und immun bin gegen derartige Spitzen. Aber ich komme voran, ich mache Fortschritte als Ich-AG. Einige Neidattacken und an den Haaren herbeigezogene Anti-Mica-Argumente können mir mittlerweile nichts mehr anhaben. Links rein, rechts raus – *Jungs, ihr glaubt gar nicht, wie einfach das ist, wenn man so wenig im Kopf hat!* Gewisse

Dinge darf man einfach nicht zu nah an sich ranlassen. Abblocken. Abhärten. Power-Workout für die Seele. Ein teflongestärktes Ego, von dem alles abperlt, das ist das Ziel. Doch ob ich das erreiche? Und ob es überhaupt sinnvoll ist? Wer weiß, manchmal habe ich da so meine Zweifel ... Denn so einen kleinen wunden Punkt, an dem man zu packen ist, hat schließlich jeder Mensch. Vielleicht muss ich einfach nur lernen, ihn gut genug zu verstecken. Und wo ginge das besser als beim Film ...

Auf nach Hollywood, Boobarella!

»Kamera läuft. Und – Action! Jetzt stirb mal schön, Mica ...«

Bei diesem Satz von Regisseur Marcel Walz bekam ich wirklich Puddingknie. Immerhin stand ich da gerade das allererste Mal für eine Hollywoodproduktion vor der Kamera – und wollte mich natürlich möglichst kompetent abmurksen lassen. Meine erste Erfahrung im Kino-Mutterland, mein Gott, war ich nervös! Ich hatte letztes Jahr eine kleine Rolle in *Seed 2* ergattert, der Fortsetzung eines relativ heftigen Horrorfilms (Vorsicht, der ist wirklich nur was für Hartgesottene!). Im ersten Teil hatte Ralf Möller den deutschen Part übernommen, in Teil zwei dann ich. Doch der heiß ersehnte Trip nach Amerika schien anfangs nicht unter einem guten Stern zu stehen ...

Ein Rumpelflug durch mehrere Unwetter, eine französische Touristenkleinfamilie mit lautstärkemäßig stetig ansteigenden Meinungsverschiedenheiten, dazu ein

Typ hinter mir, der ständig hustete wie ein Ochsenfrosch auf dem Grund eines Brunnens – an Schlaf war da beim besten Willen nicht zu denken. Meine Laune drehte von *gerade so mittelgut* mehr und mehr auf *möge sie alle die Hölle verschlucken*. Nach ein paar Stunden war ich so geladen, dass mir kurzzeitig der Gedanke kam, dem Hustinettenbär – quasi als Vorbereitung auf die Dreharbeiten – eine Gabel durch die Hand zu jagen ... Doch das alles war vergessen, als Madame Geräuschempfindlich dann – noch leicht angeschlagen, aber pünktlich wie die Maurer – am Set eingetrudelt ist. Das erste Mal Kino. Das erste Mal an einem Filmset. Unglaublich aufregend. Und schweißtreibend. Wir haben in der Wüste von Las Vegas gedreht. 40 Grad im nicht vorhandenen Schatten, schroffe Felsen und eine Filmcrew, die schon ein bisschen skeptisch war: Okay, da kommt dieses Nacktmodel aus good old Sauerkrautland, jetzt wollen wir mal sehen, wie blöd die sich anstellt. Und dann ging's auch schon los: Kunstblutüberströmt flüchtete ich – natürlich zu 99,9 Prozent textilbefreit – vor dem Killer. Der hinter mir her, mit Schlachtermesser und Gummischürze. Ich kraxelte über die heißen Felsen, holte mir ein paar üble Brandblasen an den Fingern; ich schmiss mich ins Gebüsch, zerkratzte mir den Po, das sollte ja alles echt aussehen; und dann, endlich – mein großer Satz: »HELP!« Wahnsinn, oder – eine echte Sprechrolle! Natürlich hat mir keiner geholfen – und ich bin gestorben. Genickbruch – aus die Mica-Maus. Zwei Takes haben wir für diese Einstellung gebraucht, dann war der Regisseur happy und die Szene im Kasten. So eine Produktion zu erleben, hat wirklich Spaß gemacht. Und der Spaß ging sogar noch weiter: Nach den Dreharbeiten hat mir Marcel Walz gleich eine Rolle in *La petite Mort 2* angeboten; wieder ein garstiger Horrorfilm mit viel Hauen und Stechen, der mittlerweile abgedreht ist. Und dann gibt's da ja auch noch ein Angebot für *Das Penthouse-Massaker*, sogar mit richtig viel Text. Gedreht wird vermutlich in Portugal. Auf Englisch – oje … Auf der Liste der besten Diplom-Dolmetscher werde ich nämlich nicht wirklich ganz oben geführt – da muss ich echt aufpassen, dass ich mir keinen Knoten in die Zunge stottere. Sieht aus, als müsste ich wirklich noch ordentlich büffeln. Aber das kriege ich hin, wär' ja gelacht. Da gibt es doch diesen Schauspieler aus Österreich, der anfangs auch nicht gerade als *Native Speaker* von sich reden machte, bevor er die großen Blockbuster drehte und irgendwann Gouverneur von Kalifornien wurde. Also, es gibt noch Hoffnung! Und dann heißt es: Hasta la vista, Englischschwäche!

Einige von euch werden jetzt sicher denken: *Ja klar, da ist die Schäfer halt mit dem Regisseur in die Kiste gehüpft, und schwupps hat sie die nächste Rolle!* So denkt ihr doch, oder? Doch in diesem Fall liegt ihr daneben. Ich glaube, ich habe Marcel einfach durch meinen Fleiß, meinen Charme und meine Disziplin überzeugt. Ihr habt natürlich recht: Es gibt so etwas wie eine Besetzungscouch – und natürlich flattern mir immer wieder mal ganz eindeutige Angebote ins Haus: Da gibt es zum Beispiel diesen deutschen Casting-Agenten, der grundsätzlich angezogen ist wie ein Besucher der jährlichen Fleisch- und Wurstwarenmesse in der Niederlausitz; der hat mir beim Abendessen im Berliner In-Lokal Grill Royal schon einige verbale Gänseblümchenwiesen gestreut, vermutlich nicht zuletzt, um mich auf seine Matratze zu quatschen. Oder dieser dauerqualmende Kippen-Taliban aus der Musikbranche, der sich – *Mica, du verstehst schon, tschaka-tschaka* – im Fall der Fälle durchaus erkenntlich zeigen würde … Ich habe solche wenig reizvollen Angebote eigentlich immer ausgeschlagen. Ich sage ganz bewusst »eigentlich«. Denn leider muss ich gestehen, dass ich früher ab und an schon mal versucht habe, Männer für meine Zwecke um den Finger zu wickeln – mit allen Mitteln, die mir zur Verfügung standen. Ich glaube nämlich, dass jeder Mensch auf irgendeine Weise käuflich ist – und das gilt auch für mich. Alles hat seinen Preis, er muss eben nur hoch genug sein. Jetzt nehmen wir mal an, ich treffe eines Tages diesen unverschämt gut aussehenden Mann Marke megaknackig, der mir erzählt, er sei der Manager von George Clooney. Oder von Andy Garcia. Oder von Al Pacino. Nehmen wir weiter an, das stimmt sogar, und ich finde diesen Kerl so heiß und sexy, dass ich ohnehin mit ihm schlafen würde. Und nehmen wir drittens an, dass dann auch noch eine Hauptrolle im neuen Clooney-Film für mich rausspringen würde. Dann, ja dann könnte ich mir vielleicht doch vorstellen, auf eine gewisse wohlkalkulierte Weise schwach zu werden …

Sollte mir der Manager von George jedoch nicht vor die Füße und ins Bettchen fallen – wovon wir jetzt mal getrost ausgehen können –, ist das aber auch kein Beinbruch. Dann bleibe ich eben in Europa und arbeite hier fleißig weiter. Obwohl mir die unterschiedlichsten Leute immer wieder raten: Zieh doch mal ein ganzes Jahr in die USA. Sprich bei Agenturen vor. Versuch's doch, schick Demobänder, nimm Schauspielunterricht. Vermutlich wollen mich all diese USA-Flüsterer einfach nur loswerden. Denn was soll ich mir da groß vormachen: Ich bin jetzt in den Dreißigern – also nicht mehr das jüngste Gemüse auf dem Jahrmarkt der Eitelkeiten. Meine herausragenden Eigenschaften sind Silikonbrüste – und die gibt's in Los Angeles wie Sand am Venice Beach; und mein Englisch, nun ja, das hatte ich ja bereits erwähnt. Mit dieser Basisausstattung an eine große Karriere in Amerika zu glauben, dürfte ein kleines bisschen naiv sein. Das Land der unbegrenzten Möglichkeiten? Für mich wahrscheinlich nicht. Ich bin nicht blöd, ich kann einen Porsche von einem Mercedes unterscheiden. Selbst mit meinem Ehrgeiz könnte ich dort nicht punkten: Die Mädels in Los Angeles sind alle wahnsinnig hübsch und brutal ehrgeizig. Die reißen sich den Allerwertesten auf, um berühmt zu werden. Das ist ganz anders als in Deutschland, wo alle berühmt sein, aber möglichst wenig dafür tun wollen.

Und was noch viel wichtiger ist, Traumfabrik hin oder her: Wäre ich eigentlich wirklich gerne eine Schauspielerin? Möchte ich unbedingt in verschiedene Rollen schlüpfen, immer wieder jemand anders sein? Nein, das möchte ich ganz und gar nicht! Ganz im Gegenteil. Was immer ich mache, wo immer ich arbeite – ich möchte dabei immer Micaela Schäfer bleiben. Dass die Schauspielerei nicht unbedingt mein Favorit ist, habe ich bereits gemerkt, als ich vor ein paar Jahren kleinere Rollen in *Anna und die Liebe* oder *GZSZ* gespielt habe. Ein größeres Angebot für eine andere Daily Soap habe ich dann lieber gleich abgelehnt. Mit einem imaginären ironischen Augenzwinkern einmal als nacktes Blödchen durchs Kinobild zu huschen, okay, das ist eine Sache. Das macht Spaß, ohne dass ich meine Persönlichkeit verbiegen muss. Aber ein ganzes Drehbuch für einen Film von Til Schweiger auswendig zu lernen (obwohl der ohnehin immer nur Nora Tschirner oder Jessica Schwarz besetzt) und dann in die Rolle einer prüden, leberwurstgrauen Hilfsorganistin zu schlüpfen, Gott bewahre, dafür gibt's eindeutig besser geeignete Kandidatinnen als mich. Genau aus diesem Grund liebe ich auch die Reality-Formate im Fernsehen, bei denen ich bislang mitgemacht habe: kein Drehbuch, kein Korsett, in das man mich zwängt. Dort gibt's immer nur Micaela – pur und unverfälscht. Ich will einfach so bleiben, wie ich bin. Es gibt Hunderte (natürlich höchst seriöse) Soap-Sternchen in Deutschland – und fast alle sind beliebig austauschbar. Kennst du eine, kennst du alle. Aber es gibt nur eine Nacktkonzept-Künstlerin – und das bin ich. Ich bin unverwechselbar. Deswegen wird es bei mir auch keine Experimente geben – schon gar keine jenseits des großen Teichs. Das Risiko, dort zu scheitern, wäre mir viel zu hoch. Zumal ich in Europa dann alles aufgeben müsste, was ich mir aufgebaut habe, und komplett den Anschluss verlieren würde. Da belasse ich es lieber bei schnellen Kurztrips – auch und besonders gerne nach Mallorca ...

Die Busenkönigin vom Ballermann: So habe ich die Partyinsel erobert

Meine Mache ohne Masche funktioniert auch in Verbindung mit Musik, da funktioniert sie sogar ganz besonders gut. Seit 2009 arbeite ich mit möglichst geringem

Textilaufwand als DJane La Mica und düse dafür quer durch Europa. Ein Leben aus dem Koffer, die Reiserouten ziehen sich wie ein Spinnennetz über die Landkarte. Neue Menschen, neue Erfahrungen, von einem Club geht es in den nächsten: Frankfurt, Wien, Zürich – doch zu den Highlights gehören immer meine Auftritte auf Mallorca. Busen, Bässe, Ballermann, also wenn das keine Erfolgsformel ist! Jeden Sommer von Mai bis September lege ich einmal pro Woche in der Megarena auf, einem Partytempel unter dem Megapark an der Playa de Palma, gleich schräg gegenüber der Konkurrenz vom Bierkönig. Der Club ist eines DER Anlaufziele für rudelweise auftretende Feierbiester; und für mich ist er eine der besten Selbstwertgefühltankstellen überhaupt …

Der letzte Flieger von Berlin nach Mallorca geht um 17 Uhr 45. In der Ecke, in die ich mich begebe, ist Malle noch immer lebendig gewordenes Klischee: rückenschwimmende Rentner, brühwurstrote Körper am Strand, Eimersaufen und Grillplatte Gusti – ja, am Ballermann ist all das Wirklichkeit! Und auch die Megarena hält, was sie verspricht: In dem Partykeller grölen und tanzen die Menschen auf den Tischen, es gibt 5-Liter-Bierröhren zum Selberzapfen und jede Menge Netzshirts, die zum Fischen von Sardinen vor der Küste bestens geeignet wären; Klamotten, die eigentlich unter das Kriegswaffenkontrollgesetz fallen müssten. Ich selber habe natürlich kaum etwas an: ein knapper Ledermini, ein paar Sterne auf die Brustwarzen geklebt, dazu 12-Zentimeter-High-Heels – fertig ist die musizierende Mallorca-Mieze, miau! Gegen halb zwei Uhr nachts – Mister Megarena, mittlerweile nackt bis auf den Schlübber, ist gewählt und wurde mit jeder Menge

Damenslips belohnt – steigt meine Nervosität. Gleich geht es los, die Diskothek ist voll, und die Leute sind es auch. Teilweise sind sie bereits so betrunken, dass Rhetorik zu rudimentärem Restposten-Kauderwelsch geworden ist. Ich dagegen bin stocknüchtern und bleibe es auch die ganze Nacht, anders kann ich nicht arbeiten. Ich muss wach und konzentriert sein. Punkt zwei Uhr, die Stimmung kocht. Eine Stunde habe ich jetzt Zeit, das Halligalli-Partyvolk auf maximale Flughöhe zu bringen.

Das Ballermann-Publikum – obwohl extrem druckbetankt – gilt als hart. Die Leute sind ehrlich, wenn ihnen nicht gefällt, was du spielst; wenn du sie langweilst, buhen und pfeifen sie oder werfen Flaschen Richtung DJ-Pult. Mir ist das Gott sei Dank noch nicht passiert. Eigentlich gelingt es mir immer, die Menge in den Griff zu bekommen. 3000 Menschen gehen ab, die Hände zum Himmel. Bierseligkeit, s(chl)ucksessiv in Richtung Delirium. Sie tanzen, feiern, mögen mich und meine Musik – Seelenfutter, das richtig guttut. Vielleicht liegt es daran, dass ich keine dieser sogenannten DJanes bin, die auf der Bühne einfach einen Stick in ihren Laptop schieben, eine fertige Playlist abspielen und dabei furchtbar busy an den Reglern des Mischpults herumfingern, obwohl sich die Musik überhaupt nicht verändert. Oder die angeregt mit jemandem quatschen, und plötzlich – *it's magic!* – startet wie von Zauberhand ein neuer Song. Was solche Kolleginnen machen, ist in meinen Augen Beschiss, schlicht und ergreifend. Natürlich bin auch ich kein Top-DJ, das ist mir klar. Aber ich habe wenigstens die Grundzüge gelernt. Ein bekannter DJ und Freund von mir hat mir die wichtigsten Handgriffe beigebracht, mir die ganze Technik erklärt und ewig lange mit mir geübt. Ich verwende bei meinen Auftritten »Traktor«, ein Gerät, das bei den einzelnen Songs die Beats pro Minute angleicht; ich muss also nur noch die passenden Übergänge finden. Das macht vieles einfacher, immerhin erwarten die Leute von mir, dass ich auch mit ihnen Party mache, tanze, für Fotos posiere und zwischendurch mit ihnen plaudere. Ausgelassen mit den Leuten zu feiern ist natürlich nur möglich, wenn ich auf jeden Auftritt gut vorbereitet bin. Ich weiß, welche Songs in der Megarena gerade besonders gut laufen, Electro, House, für Mallorca schön kommerziell. Ich habe die aktuellen Dance-Tracks auf meinen Rechner geladen, weiß, was in den Charts gerade angesagt ist, und ich erfülle auch spontane Musikwünsche – was bei einer Playlist natürlich unmöglich ist … Trotzdem geht nicht immer alles glatt: Erst kürzlich hat mir ein feierwütiger, optisch farbenfroher Weltenbummler – selbst die Fingernägel wiesen fröhliches Nikotingelb auf – den kompletten Inhalt seines Wodkaglases übers Mischpult gekippt. Brutzel, brutzel, Funkenflug, dann ging erst einmal eine halbe Stunde lang gar nichts, bis alles wieder startklar war. Doch selbst wenn die Technik funktioniert, gibt es ja immer noch den menschlichen Mica-Faktor: Manchmal klappen die Übergänge nicht, oder ich verpasse meinen Einsatz; dann ist ein Song schon zu Ende, bevor der nächste losgeht. Es ist ganz klar ein Unterschied, ob du zu Hause im stillen Kämmerlein übst oder vor Tausenden Leuten stehst. Doch die Menschen verzeihen mir meine kleinen Schnitzer, denn ich liefere ehrliche Arbeit ab.

Nach einer Stunde am Mischpult ist dann Tuchfühlung in der Menschenmenge angesagt. Ich schreibe Autogramme auf Bäuche, Klamotten oder auch in Gesichter. Ein Pläuschchen hier, ein paar Fotos da – nur ein paar wenige wagen einen Flirt-Frontalangriff. Ich erinnere mich da an einen Typen aus Bochum, er hieß Torsten und trug ein Ich-bin-tierlieb-Shirt mit einem Äffchen drauf. Sympathisches Grinsen, zottelig-kecker Karottenkopf, der letzte Friseurbesuch musste Monate zurückliegen. Verschwitzt und mit glänzenden Augen hatte er sich durch die Menge gekämpft, dann stand er vor mir. Mit einem silbernen Ring in der Hand und einem auf ein Blatt Papier geschriebenen Gedicht. Wegen der Lautstärke konnte ich ihn kaum verstehen. *Traumfrau … Liebe … für immer …* Nur Wortfetzen drangen zu mir durch, aber mir wurde klar: Hier machte mir jemand einen Heiratsantrag. In den Augen von Karottenkopf leuchtete eine sehnsuchtsvolle Erwartungshaltung, so rührend, dass ich ihn am liebsten adoptiert hätte. Mir fehlten die Worte, ich suchte nach etwas Nettem, Aufmunterndem, irgendwas … Dann spürte ich den tippenden Finger meines Bodyguards auf meiner Schulter, der mich zum Weitergehen bewegen wollte. Die Zeit drängte, mein Fahrer wartete. Ein letzter Blick – *Tschüss, mein Lieber!* –, Karottenkopf blieb zurück, bedröppelt wie ein nasser Königspudel, dann verschluckte ihn die Menge.

Damit wäre die Geschichte eigentlich erledigt gewesen, sollte man meinen. Sie wäre eine schöne Erinnerung geblieben; eine Erinnerung an ein Erlebnis, das – typisch für so vieles, das man auf Mallorca erlebt – hier auf der Insel bleibt. Mal richtig die Partysau rauslassen im Röst- und Rammelparadies, einen heißen Fremdflirt wagen oder eben einen Heiratsantrag machen: Mallorca, das ist etwas außerhalb des Alltags; etwas, das nicht mit nach Hause genommen wird. Das hätte ich mir auch für meine Begegnung mit Karottenkopf gewünscht. Doch er fing ein paar Tage später an, mir auf Facebook zu schreiben, wurde immer aufdringlicher ... Er hätte sich unsterblich in mich verliebt, könne nicht leben ohne mich, würde alles tun für mich – sogar sterben ... Meine anfängliche Rührung verwandelte sich ziemlich schnell in Genervtsein: Unter Berufung auf mallorquinische (Bier)-Quellen hatte man mir nämlich gesteckt, dass der vermutlich noch unbeschlafene Beziehungssucher in der Megarena schon bei mehreren Mädels versucht hat, als Herr der Ringe zu punkten: Dolce Daniel, in dessen Birne man vermutlich gefaltete Papierflieger schmeißen kann, machte Heiratsanträge am Fließband und klebte den Mädels dann mit pathologischem Patex-Faktor an der Backe. Geht! Gar! Nicht! Ich habe ihn schließlich bei Facebook sperren lassen und die Liebesbriefe, die er zu meinen Händen an das Management des Megaparks geschickt hatte, ungelesen weggeworfen. Zu hart darf ich allerdings auch nicht mit Daniel ins Gericht gehen. Immerhin bin ich selbst einmal zur psychopatischen und polizeibekannten Stalkerin geworden – doch dazu mehr in »Meine größten Geheimnisse« ...

Seit diesem Erlebnis passen die finsteren Bodyguards der Megarena noch ein bisschen besser auf mich auf. Ich will ein Promi zum Anfassen sein. Ich bin kontaktfreudig und versuche, immer freundlich zu bleiben – aber alles hat eben seine Grenzen: Weder suche ich in Clubs nach verhaltensauffälligen Sex-Azubis zum Heiraten, noch bin ich für jedermann eine potenzielle Bettgenossin. Die meisten akzeptieren das und belassen es bei verbalem Balzverhalten – mit Sprüchen, die teilweise so schräg und komisch sind, dass ich sie euch nicht vorenthalten möchte:

> **Die 15 lustigsten Anmachsprüche – von denen natürlich kein einziger erfolgreich war!**
>
> 1. Hey Schnitte, schon belegt?
> 2. Behältst du mich, wenn ich dir bis nach Hause nachlaufe?
> 3. Kennst du mich nicht von irgendwoher?
> 4. Ich bin so unglaublich schlecht im Bett, das musst du einfach erlebt haben!
> 5. Ich habe in der Zeitung gelesen, dass Küsse glücklich machen. Darf ich dich glücklich machen?
> 6. Kommst du auch zu meinem Rendezvous mit dir?
> 7. Als du geboren wurdest, kamen alle Engel zusammen und streuten Mondstaub in dein Haar und das Licht der Sterne in deine wunderschönen Augen!
> 8. Wollen wir uns nicht mal unverbindlich nackt aufeinanderlegen?
> 9. Dein Bild hab ich irgendwo schon einmal gesehen… Stimmt, im Lexikon direkt neben »boa eh«!
> 10. Du musst 'ne gute Versicherung haben, denn du hast mir grad eine krasse Beule in die Hose gemacht!

11. Ein Wort von dir, und ich ziehe bei meiner Mami aus!
12. Hey, ich bin heute gut drauf – bist du gut drunter?
13. Hallo, mir ist aufgefallen, dass ich dir aufgefallen bin, und ich wollte dir nur sagen, dass du mir auch aufgefallen bist. Also wie wäre es, wenn wir zwei zusammen auffallen?
14. Hast du eigentlich gewusst, dass Polen und Indianer die besten Liebhaber sind? Ach, übrigens, mein Name ist Winnetou Koslowski …
15. Die Farbe deiner Augen passt super zu meiner Bettwäsche!

Kaum zu glauben, oder? Doch solche und ähnliche Anmachsprüche hört man wirklich erstaunlich oft – besonders auf Mallorca tritt dieses extreme Blödquatsching verstärkt auf. Peinlich unter Palmen? O ja, ganz bestimmt. Aber Männern jetzt einen Sangria-Eimer Spott über die mit Gerstensaft geflutete Rübe kippen? Sicher nicht! Ich bin nur ein Gast in der Partyszene der Insel, und als Gast benimmt man sich schließlich anständig und höflich. Das habe ich mir von den Feier-Urgesteinen – die mich wirklich alle herzlich aufgenommen haben – abgeschaut. Leute wie Jürgen Drews oder Mickie Krause sind extrem nett – und extrem professionell. Ob grobmotorische Griffel an ihren Klamotten rupfen oder sternhagelvolle Groupies vor ihre Füße stolpern – selbst im größten Tohuwabohu bleiben die Stars der Szene cool und immer sympathisch. Wirklich bewundernswert. Daraus versuche ich zu lernen, denn ich habe auf Mallorca eine gute Lücke für mich entdeckt: Es gibt nicht viele weibliche DJanes hier, die sexy sind und gleichzeitig gute Musik – also keine Ballermann-Mucke! – spielen. Entweder legen hier wirklich coole DJanes auf, bei denen allerdings die Optik nicht ganz mitspielt, oder es sind optische Kracher, die aber überhaupt keine Ahnung von Musik haben. Andere wie *Dschungelcamp*-Kollegin Melanie Müller setzen ebenfalls auf Musik, versuchen es allerdings – Gott sei unseren Ohren gnädig! – mit Singen. Doch topless ein Liedchen zu krächzen, das allein reicht nicht. Das hat man im Schlagertempel Oberbayern offensichtlich auch gedacht – denn Melanie wurde hier im letzten Jahr gnadenlos ausgebuht. Ich weiß genau, wovon ich spreche, denn ich habe auch einmal gesungen. Oder besser gesagt: Ich habe es probiert. »U-Bahn ins Paradies« hieß der Gehörgangquäler, den ich 2012 herausgebracht habe. Um es klar und deutlich zu sagen: Diesen zu Musik verklärten Wahnsinn kann man sich anhören, muss es aber nicht …

Um vier Uhr morgens sind meine Auftritte in der Megarena meist beendet. Lonesome Lady Luder has left the Building. Der Fahrer wartet bereits vor der Tür, ich werde wieder zum Flughafen gebracht. Um 7.45 Uhr geht mein Flieger zurück nach Berlin – wenn ich Glück habe. Ansonsten bringt mich ein anderer früher Vogel direkt zum nächsten Job. Für Mallorcas schöne Seite – sie verdient wirklich fünf Sterne – habe ich bei diesen beruflichen Trips leider niemals Zeit. Die Berge über dem Meer, die türkisfarbenen Badebuchten, die weiten Dünenstrände, die immergrünen Bäume. All das rauscht an mir vorbei. Die Sonne geht auf, und mir fallen die Augen zu. In solchen Momenten fühle ich mich manchmal ziemlich einsam. *Du zahlst einen hohen Preis für deinen Beruf*, denke ich dann. Nie Urlaub, ständig unterwegs, kaum Freunde und niemand, der dich in den Arm nimmt, wenn es einmal notwendig ist. Es gibt nur den nächsten Eintrag im Terminkalender, den nächsten Auftritt. Sosehr sich mein kühles Köpfchen auch dagegen sträubt, ein bisschen weiter unten, dort wo das Herz sitzt, gibt es eine Sehnsucht, die ich nicht leugnen kann, eine Sehnsucht nach Geborgenheit und Angekommensein und Frieden. Die Aufmerksamkeit, das Geld, das ich verdiene – ist es das alles wert? Was ist eigentlich mit der Liebe? Mit einer Familie? Solche Gedanken muss ich erst mal wegschieben, sie passen einfach nicht zu meinem momentanen Leben. Abgesehen davon: Ich und die Männer, oje – das ist ohnehin ein Thema für sich …

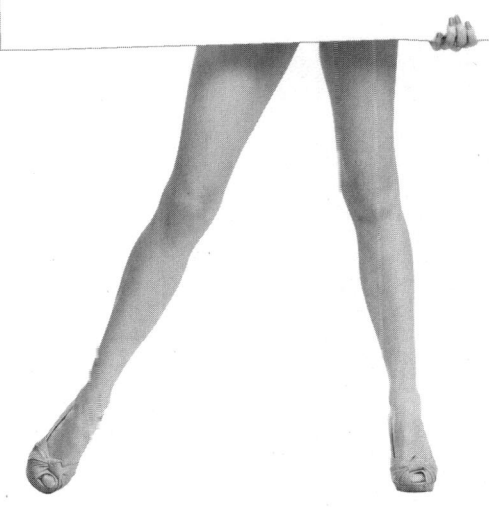

Männer.
Liebe.
Sex.

Drei große Kräfte des Lebens, die man – solange sie für sich stehen – in den meisten Situationen relativ problemlos handeln kann.

MÄNNER sind, ganz grundsätzlich, die ideale Ergänzung zu Frauen.

LIEBE in ihrer puren, unverfälschter Form ist das schönste Gefühl auf der Welt.

Und SEX? Sex ist das Salz in der Suppe des Lebens und manchmal auch das Leben selbst.

So weit, so gut. Problematisch wird es allerdings, wenn die Kräfte dieses Dreigestirns aufeinanderprallen und sich wie irrlichternde Asteroiden gegenseitig aus der Umlaufbahn bugsieren – was sie in der Realität leider allzu oft tun ... Dann fangen nämlich die Probleme an. Wir verlieben uns – aber der Auserwählte will nur ins Bett mit uns. Oder wir betrügen uns – und brechen damit Herzen. Plötzlich geht es in diesem verzwickten

Männer-Liebe-Sex-Mix dann um Enttäuschung und verletzte Gefühle, um Zweifel und Demütigung. Dann ist nichts mehr zu kontrollieren, und die Asteroiden krachen ineinander. Seelencrash, ein schwarzes Loch kollabierter Hoffnung – und plötzlich ist nichts mehr, wie es einmal war ...

Ja, Männer haben einmal eine große Rolle in meinem Leben gespielt.
   Ich habe sie benutzt und begehrt.
   Verachtet und bewundert.
   Geliebt und gehasst.
   Da waren Dumme und Kluge. Normalos und Promis. Pragmatiker und Romantiker. Es gab Männer wie ein Mittelscheitel – nett, sauber und zum Gähnen langweilig. Und es gab Testosteron-Titanen mit dem emotionalen Tiefgang einer Pfütze – aber eben sensationell im Bett. Alles in allem wohl ein ganz repräsentativer Querschnitt dessen, was sich die Evolution an männlichen Wesen zusammengebastelt hat. Etliche Männer haben mich ausgenutzt, in einige habe ich mich verliebt, und nur ein, zwei hatten wirkliches Traumprinz-Potenzial. Und dennoch: Aus jeder Beziehung – selbst wenn sie nur eine Nacht dauerte – habe ich etwas mitgenommen: eine Erfahrung, ein tieferes Verständnis für die Spezies Mann und nicht zuletzt für mich selbst.

Es gibt viele Männer, die behaupten, den besten Sex hätten sie mit Frauen Anfang dreißig gehabt. Weil frau dann angeblich weiß, was sie will; weil sie bereits Erfahrungen gemacht und im besten Fall gelernt hat, ihren Körper zu mögen. *Danke, Jungs, was für ein*

Mein ganz privates Fotoalbum

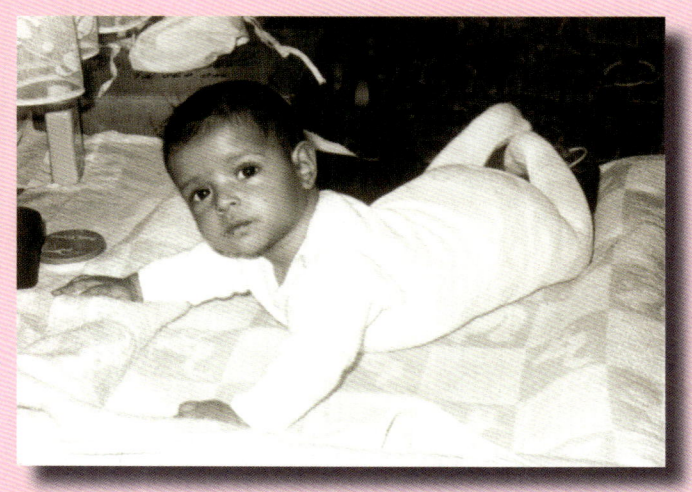

Ich in ganz frühen Jahren.

In meinem Zimmer in unserer Wohnung in Berlin-Hellersdorf. Und mit einem meiner geliebten Meerschweinchen!

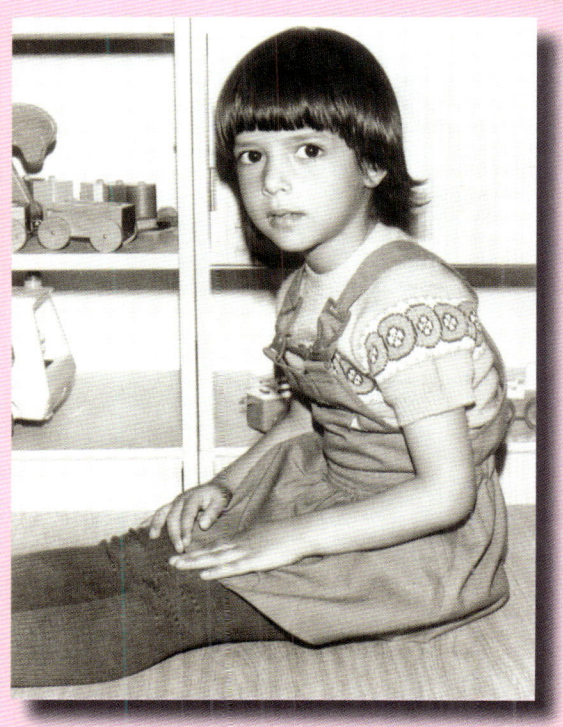

Von wegen das Leben ist kein Ponyhof!

Ich bei meiner Einschulung im Herbst 1990 – manchmal ist das Leben auch ein Schulhof.

Bezirksamt Hellersdorf von Berlin
Wolfgang-Amadeus-Mozart-Grundschule
Alte Hellersdorfer Str. 5
12629 Berlin
Tel.: 561 20 26

Zeugnis

für _Micaela Schäfer_

geboren am _01. November 1983_   Klasse _4 a_

Allgemeine Beurteilung: Micaela bestimmt das Klassenklima positiv mit. Sie geht mit Pflichtbewußtsein und Eifer an die gestellten Aufgaben. Sie kann Gelerntes schon besser sinngemäß anwenden und durch ihren häuslichen Fleiß gelingt es, auftretende Schwierigkeiten zu überwinden. Ihr Allgemeinwissen ist gut ausgebildet.

Im vorfachlichen Unterricht erworbene Kenntnisse und Fertigkeiten:

Sachkunde	1	Mathematik	2
Deutsch	1	Sport	1
Mündlicher Sprachgebrauch	1	Musik	1
Lesen	1	Bildende Kunst	1
Texte verfassen*)	1	Handschrift	1
Rechtschreiben	2		

Bemerkungen:

Versäumte Tage	davon unentschuldigt	Verspätungen	Er/Sie ist im Schuljahr
11	—	—	Schüler(in) der Klasse

Berlin, _den 28. Januar 1994_

Schulleiter(in)   _Klassenlehrer(in)_

Gelesen: _____
Erziehungsberechtigte(r)

Beurteilung der Leistungen: 1 = sehr gut, 2 = gut, 3 = befriedigend, 4 = ausreichend, 5 = mangelhaft, 6 = ungenügend
*) ab Klassenstufe 3

Schul II 701 – Zeugnis der 2. bis 4. Kl. Grundschule und 3. und 4. Kl. Sonderschule (3. 90)
Mat. 1943. Sätze à 2 Blatt. 0 9 8 7 6 5 4

Was die ersten Jahre richtig gut anfing ...

Sartre - Oberschule
(Gymnasium)
Berlin, Bezirk Hellersdorf
Luckenwalder Str. 53
Tel.: (030) 990 93 32

Abgangszeugnis

Micaela Schäfer

geboren am _01. 11. 1983_ in _Leipzig_,

hat das Gymnasium vom _05. 08. 1996_ bis _19. 07. 2000_ besucht

und war zuletzt Schüler(in) der Klasse _10/3_.
Er - Sie - erhält beim Abgang nachstehendes Zeugnis:

Deutsch	3	Mathematik	6
mündlich 4 schriftlich 3		Physik	5
Geschichte / Sozialkunde	3	Chemie	4
Geschichte — Sozialkd. —		Biologie	5
Erdkunde	3	Musik	3
1. Fremdsprache: _Englisch_	4	Bildende Kunst / Werken	3
mündlich 3 schriftlich 5		Bildende Kunst — Werken —	
2. Fremdsprache: _Französisch_	3	Sport	3
mündlich — schriftlich —		—	

Wahlpflichtfach

3. Fremdsprache: ——— | _Informatik_ 4

mündlich — schriftlich —

Freiwillige Unterrichtsveranstaltungen

Bemerkungen: _Kunst und Musik wurden epochal erteilt._
Micaela hat den Realschulabschluss erworben.

Berlin, den _19. Juli 2000_

Schulleiter(in) Dienstsiegel Klassenlehrer(in)

Beurteilung der Leistungen: 1 = sehr gut, 2 = gut, 3 = befriedigend, 4 = ausreichend, 5 = mangelhaft, 6 = ungenügend
Schul II 723 — Abgangszeugnis des Gymnasiums, Klasse 7 bis 10 (6. 86)
Mat.-Nr. 773. Sätze à 2 Blatt. 3

... endete irgendwann im Desaster.
Immerhin: meinen Abschluss hatte ich geschafft.

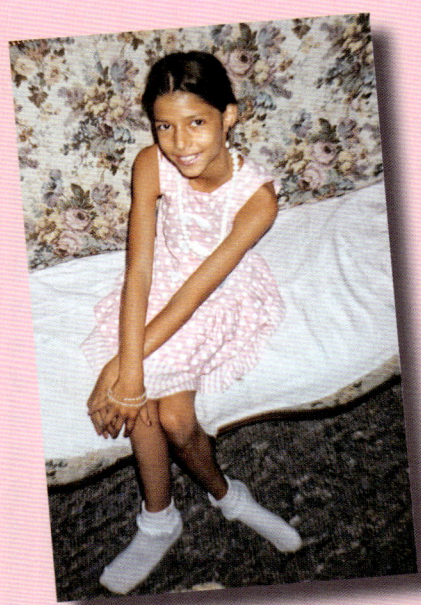

Abschluss hin oder her - ich träumte eh von etwas anderem!

Seit ich zwölf war, wollte ich Model werden und übte, wann immer ich konnte.

Topmodels!

Doch so richtig wohl fühlte ich mich damals nicht in meiner Haut. Ich fand meine Nase zu groß ...

... und meine Brüste zu klein.

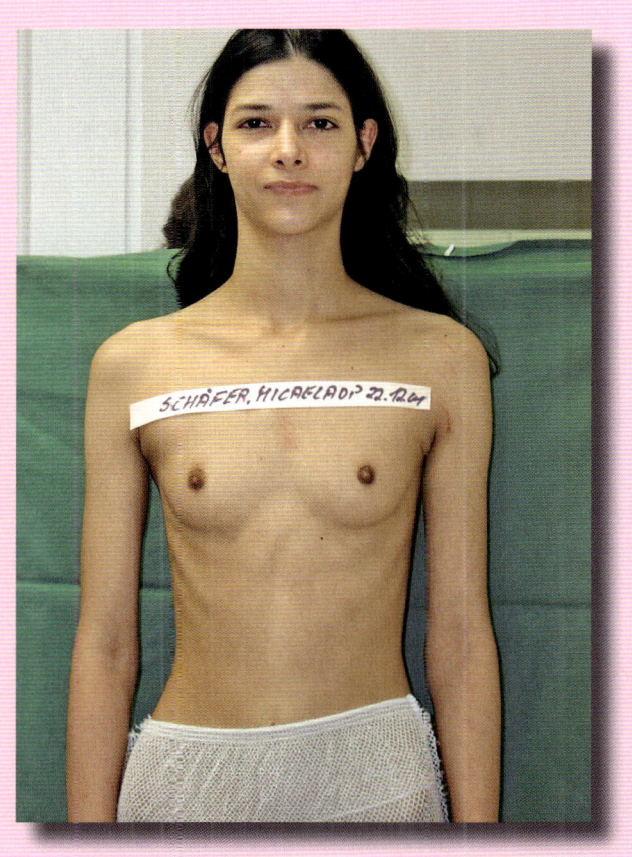

Mit achtzehn beschloss ich, ihnen zu etwas mehr Größe zu verhelfen.

Die Wirkung war verblüffend ...

... mein Körper fing an, mir zu gefallen, und ich begann, selbstbewusster zu werden und an Miss-Wahlen teilzunehmen.

Leicht war der Weg nicht, doch ich gab nicht auf! - 2003 wurde ich Miss Tempelhof.

© Thomas & Thomas

Und 2004 Miss Ostdeutschland! Zehn Jahre ist das nun her. Hätte mir damals jemand vorausgesagt, wie bekannt ich heute bin, hätte ich vermutlich erwidert: Träum weiter!

schönes Kompliment für eine Frau in meinem Alter! Vögeln, pimpern, bumsen, ficken, miteinander schlafen – tausend Namen und Umschreibungen gibt's dafür. Sex ist die Folge durchknallender Hormone, ist Macht, Geborgenheit, Geschäft, Beziehungskitt, Familienplanung und manchmal nur Sport. All das muss erlebt, erfahren und erfühlt werden – von der ersten unsicheren Berührung in der letzten Reihe eines dunklen Kinos bis zu den wilden Verrenkungen einer Tantra-Göttin. Es ist es ein langer Weg voller Siege und Niederlagen. Sex wächst mit dir, lebt auf in dir, verändert sich – verändert dich. Und jedes Mal, wenn du denkst, jetzt weiß ich, wie es funktioniert, verändert sich alles erneut.

Das gilt natürlich auch für die sexuellen Bedürfnisse. Für mich ist das ein bisschen wie beim Essen, da verändert sich der Appetit auch immer wieder, gerade bei Frauen. *Was hat das Essen denn damit zu tun?*, werdet ihr euch jetzt fragen. Hier mal ein kleines Beispiel: Es gibt doch Tage, da sind Frauen die zwei Kalorien schon zu viel, die sie beim Ablecken einer Briefmarke zu sich nehmen; da fühlen sie sich anschließend fett und sind furchtbar deprimiert, weil so eine Moppelmaus natürlich niemals einen Mäuserich fürs Leben abkriegt. Und dann gibt's diese Tage, da verschlingen sie ohne mit der Wimper zu zucken eine Familienpackung Schokoladeneis. Das einzig Kalkulierbare ist also das Unkalkulierbare; Hü und Hott in Sekundenschnelle. Genauso ist es auch mit Stimmungsschwankungen bei sexuellen Gelüsten. Es brauchte bei mir einiges an Erfahrung um herauszufinden, wie Sex mir wirklich Spaß macht. Von vorne oder von hinten, Riding High oder Streichelzoo – alles habe ich ausprobiert, je nach Lust und Laune immer wieder variiert oder ganz verworfen. Eines der Resultate dieses großen Sex-Tests: Ich habe zahlreiche Klischeeklassiker über Männer gefunden, die sich in vollem Umfang bewahrheitet haben. Ja, Männer sind schwanzgesteuert. Nein, Männer sind nicht Multitasking-fähig. Und ja, Männer halten sich für die Herren der Schöpfung. *Ich, der Mittelpunkt der Welt* – das scheint ein unauslöschliches Gesetz zu sein, das es gibt, seit sich irgendwann einmal ein Einzeller mit XY-Chromosom aus dem Urschlamm auf festen Boden gehievt hat. Aber ich habe auch zwei Dinge an Männern entdeckt, die wirklich überraschend waren – Dinge, die man eigentlich Frauen nachsagt …

1. Auch Männer scheinen im Bett unter Druck zu stehen – was natürlich keiner jemals zugeben würde!
Immer Lust haben, immer können und natürlich immer in der Lage sein, der Frau einen alles krönenden Orgasmus zu verschaffen. Für viele Männer scheint sich Sex zum Hochleistungsjob entwickelt zu haben, bei dem sie auf Teufel komm raus zu funktionieren haben. Als ob Sex unter so einem Erwartungsdruck Spaß machen würde! Sex, das ist das Ausleben von Gefühlen, die Möglichkeit, einfach mal loszulassen – oder sogar gemeinsam über kleine Pannen lachen zu können. Angst zu versagen ist da vollkommen fehl am Platz. Und trotzdem gibt es sie – ob bei Otto-Normalrammler oder Hollywoodstar.

2. Auch Männer haben ein Problem mit ihrem Körper!
Früher dachte ich ja mal, das wäre eher ein typisches

Frauending: *O Gott, meine Orangenhaut ist furchtbar!* Oder so etwas: *Mein Hüftgold, da starrt er bestimmt die ganze Zeit drauf.* Typische Problemzonenpanik eben, wie eigentlich jede Frau sie kennt. Doch im Laufe der Zeit habe ich festgestellt, dass Männer unter ähnlichen Panikattacken leiden. *Verdammt, ich hasse meinen Bauch* (was bedeutet: *Komm, wir machen's von hinten!*). Oder: *Mist, mein Po hängt* (*also fass bitte woanders hin!*). Alles Dinge, die ich von Typen mit ganz normalen Figuren gehört habe, von Männern, die halbwegs fit waren und keinen Sport-BH brauchten, um schmerzfrei in den dritten Stock zu kommen. Die Mutter aller männlichen Problemzonen ist natürlich der Penis. *O Gott, mein Schwanz ist zu klein! Hoffentlich ist es trotzdem schön für sie ...* Ich weiß nicht, wie oft ich solche oder ähnliche Gedanken schon auf den Gesichtern von Männern lesen konnte.

Um keinen anderen Körperteil machen Kerle so ein Riesen-Brimborium wie um das in Europa durchschnittlich 15 Zentimeter lange Ding, das da zwischen den Beinen baumelt. Ständig wird es angefasst, daran herumgekratzt und in der Unterbuxe zurechtgezuppelt. Männer sind happy, wenn es sich aufrichtet – oder in apokalyptischer Endzeitstimmung, wenn es mal nicht klappt und der Hosenwurm auf Tauchstation geht. Einige Männer geben ihrem besten Stück sogar Namen oder verpassen ihm möglichst furchterregend klingende Attribute. Da ist dann vom rotbehelmten Liebeskrieger die Rede, von Dirty Diddy oder einem Pimper-Python. Ich persönlich finde das ziemlich albern. Denn wie auch immer das Spaßwürstchen beschaffen ist, über die Sexqualität hat die Bestückung eigentlich nie viel ausgesagt. Dass es dabei natürlich Ausnahmen gibt, davon werde ich an anderer Stelle noch ausführlich erzählen. Doch grundsätzlich ist ein Schwanz erst einmal nichts anderes als ein Werkzeug, das funktionieren sollte; er sollte sauber und gepflegt sein und am Schaft nicht zu dünn – immerhin befinden sich die weiblichen Lustpunkte nicht in der Tiefe der Vagina, sondern vorne, an den Schamlippen, am Kitzler. Damit wäre mein Anforderungsprofil dann auch schon komplett. Viel wichtiger als die Größe ist doch, ob ein Mann mit seinem Werkzeug umgehen kann, ob er leidenschaftlich ist, fantasievoll und mutig genug, sich auf Neues einzulassen. Im Bett zählen gute Technik, Emotionalität und Selbstvertrauen. Letzteres vor allen Dingen – denn wer seinen Körper nicht mag, kann auch keinen Spaß damit haben. Und das macht das Ganze dann sehr, sehr schwierig. Erotik ist und bleibt eben auch eine Kopfsache. Immerhin sitzt dort die wichtigste erogene Zone – das Gehirn. Berührungen, Gerüche, Geräusche – all das wird in der Radarstation im Oberstübchen registriert. Positiv wie negativ. Da gibt es Dinge, die einen heiß machen, und solche, die alles ratzfatz abkühlen lassen.

Frauen wollen erobert, verführt und in Stimmung gebracht werden. Immer wieder aufs Neue und immer wieder anders. Das Problem dabei: Nur wenige Männer wissen, wie sie das anstellen sollen. Männer sind und bleiben eben Männer. Mit all ihren Stärken, mit all ihren Schwächen – und immer unabhängig von Beruf, Bankkonto oder Aussehen. Mit Männern habe ich meine größten Dramen erlebt, meine heißesten Abenteuer, meine skurrilsten Geschichten. All das habe ich hier aufgeschrieben. Herausgekommen ist ein feucht-fröhlicher All-inclusive-Trip durch meine Gefühlswelten – und durch die verschiedensten Betten. Mica intim. Von schlüpfrig bis schonungslos, von Berlin-Hellersdorf bis Hollywood.

Mein erstes Mal:
Das brav nickende Wackeldackelchen

Ich will mal ehrlich sein: Bis ich 18 Jahre alt wurde, war mein Sexleben ähnlich elektrisierend wie Kastanienmännchenbasteln bei einer dampfenden Tasse Salbeitee. Als es dann schließlich doch noch begann, in einer regnerischen Nacht auf dem Parkplatz eines Industriezentrums, war es eine Premiere in vielerlei Hinsicht …

Ich hatte das ERSTE Mal Sex.

Mit meinem ERSTEN Freund.

Zu einer Zeit, in der ich – dank einer Brust-OP, von der ich ja bereits erzählt habe – das ERSTE Mal halbwegs zufrieden mit meinem Körper war.

Mike, so hieß mein Auserwählter, war BWLer und damals 29 Jahre alt. Ein lieber Kerl – wenn auch mit einem wenig altersgerechten Hang zu dunkelblauen Zweireihern und Einstecktuch –, der nette, aber etwas sonderbare Eltern hatte. Ich erinnere mich noch an Mikes Mutter, ein zu jeder Tageszeit so üppig behängtes Golden Girl, dass selbst König Midas nichts mehr hätte bewirken können; und an seinen Vater, der sein gesamtes Leben vor dem Fernseher zu verbringen schien. Wie gesagt, ein wenig wunderliche Menschen, aber mit dem Herz am rechten Fleck. Das galt auch für ihren Sohn Mike. Wir waren wirklich happy miteinander, und nach ein paar glücklichen Wochen auf Wolke sieben beschlossen wir, dass ES jetzt passieren sollte … ES, also Sex – damals fiel es mir noch schwer, so etwas überhaupt auszusprechen. Unter konsequenter Vermeidung des einschlägigen Vokabulars hatten Mike und ich uns trotzdem lange darüber unterhalten, über das Wann und Wo, über die Pille, die ich mittlerweile nahm. Wenn man es genau betrachtet, hatten wir meinen ersten Sex vermutlich akribischer geplant als Katie Holmes die Scheidung von Tom Cruise. Schließlich hatten wir uns auf ein Wochenende im August geeinigt, an dem wir erst auf eine Party und dann zu Mike gehen wollten. Er hatte sturmfrei, seine Eltern waren ein paar Tage an die Nordsee gefahren. Doch wie das manchmal so ist mit Plänen …

Auf dem Rückweg von dem Club, in dem die Party stattgefunden hatte, rückte Mike plötzlich mit dem Vorschlag raus, ein bisschen im Auto rumzumachen. Das wäre doch viel aufregender; er wisse da einen Parkplatz gleich in der Nähe … *Puh*, dachte ich, *Sex im Auto – soll mein erstes Mal wirklich so stattfinden? Romantisch ist ja etwas anderes.* So richtig glücklich war ich nicht mit dieser Idee. Andererseits wollte ich Mike, der sich normalerweise nicht gerade durch ein Höchstmaß an Eigeninitiative auszeichnete, nicht gleich den Wind aus den Segeln nehmen. Und ich wollte auch endlich wissen, wie es ist, Sex zu haben. Die meisten Mädchen aus meinem Bekanntenkreis hatten ihr erstes Mal bereits hinter sich – also stimmte ich zu. Mike fuhr seinen alten Fiat in die hinterste Ecke des fast autoleeren Parkgeländes, und wir kletterten über den Schaltknauf auf die Rückbank; dort war immerhin ein bisschen mehr Platz. An Mikes fahrigen Bewegungen war leicht zu erkennen, dass er ebenso nervös war wie ich. Er blickte verlegen nach draußen, dann wieder zu mir, zupfte irgendeinen Krümel vom abgewetzten Sitzbezug. Er schien nicht zu wissen, wie es jetzt weitergehen sollte. »Willst du mich küssen?«, fragte ich ihn, etwas Besseres war mir in diesem Augenblick nicht eingefallen. Mike, dieser knuddelige Wackeldackel, der eigentlich immer zu allem Ja und Amen nickte, was ich vorschlug, nahm die Einladung dankbar an und kam herübergerutscht.

Ich spürte seinen Mund auf meinem – *ist mein Lippenstift eigentlich kussecht?* –, ein zärtliches Knabbern, erst sanft, dann fordernder. Mike konnte erstaunlich gut küssen. Langsam und etwas zittrig – oder bildete ich mir das nur ein? – strichen seine Finger über die Innenseite meines Oberschenkels, über das kleine Muttermal, das er so mochte, bevor sie dann unter meinem kurzen Sommerkleidchen verschwanden. Sollte ich ihn DA UNTEN jetzt auch anfassen, erwartete er das von mir? Und was hatte Dr. Sommer in der *Bravo* gesagt, wie war das noch mal mit der Vorhaut? Zurückziehen? Oder das Ding weiter unten am Schaft packen? Und wenn er gar keine Vorhaut hatte, wenn er beschnitten war, was dann? In meinem Kopf rotierten die aberwitzigsten Fragen. Klar, Onanie verursacht keinen Rückenmarksschwund, und vom Masturbieren mit dem Duschkopf wird man nicht schwanger. Doch die in diesem Augenblick wirklich wichtigen Dr.-Sommer-Basics – also so etwas wie ein Fahrplan meiner Hände über den männlichen Körper, gerne mit den entsprechenden Haltestellen –, die fehlten mir komplett. Ich fing an zu schwitzen, allerdings mehr vor Nervosität als vor Erregung. Das bisschen Mut, das ich mir vorhin auf der Party angesüffelt hatte, zeigte bereits erste Auflösungserscheinungen. Mikes Hände wanderten weiter über meinen Körper, zumindest seine Unsicherheit schien sich langsam zu verflüchtigen. Er knetete meine Brüste, schob seine Hand unter meinen Po und zog mich zu sich heran. *Was, wenn jetzt jemand vorbeikommt und uns sieht?*, schoss es mir durch den Kopf. Ein älterer Herr zum Beispiel, den seine senile Bettflucht oder der inkontinente Bello nachts auf die Straße getrieben hatte; oder – noch schlimmer! – eine Polizeistreife, die mit einer Taschenlampe ins Wageninnere leuchtet, um nachzusehen, was da los ist.

Doch unser Nahkampf blieb unbemerkt. Irgendwann hatte Mike mir meinen Slip aus- und sich selbst die Jeans heruntergezogen. Das geschah mit einer erstaunlichen Geschmeidigkeit. Er lag auf mir, und ich spürte sein hartes Glied – Schwanz hätte ich zu dieser Zeit niemals gesagt! –, das er gegen meinen Unterleib presste. Jetzt würde es also passieren, jetzt würde ich Sex haben. Dann drang Mike in mich ein, so vorsichtig und zärtlich, wie es auf der Rückbank eines zweitürigen Kleinwagens eben möglich war, und fing an, sich auf mir zu bewegen. Auf und ab. Gleichmäßig wie Omas Metronom auf dem Klavier. Tick, tack. Tick, tack. *Das ist es jetzt also*, dachte ich. *Okay … Es fühlt sich … merkwürdig an.* Es hat nicht wehgetan, es hat nicht geblutet. Ich wartete auf das, was ich in Frauenmagazinen über Sex so begierig verschlungen hatte: auf den Flash, der mich erzittern lassen würde; auf die Welle, die mich überrollen würde; auf das Feuerwerk, das in mir explodieren würde. Doch nichts geschah. Da waren nur Mike und seine monoton-rhythmischen Bewegungen und das leise Prasseln eines einsetzenden Sommerregens auf dem Wagendach. Dann, ganz plötzlich, versteifte sich Mikes Körper, bäumte sich auf – *o Gott, ein epileptischer Anfall?* –, bevor er mit einem irgendwie gequälten Stöhnen über mir zusammensank. »'tschuldige«, stammelte er, »bin schon gekommen. Konnte es nicht mehr halten ...« Rudimentäre Halbsätze, mühsam herausgepresst von bleistiftdünnen Lippen. Ich wusste nicht, was ich antworten sollte. Gerade noch war ich dabei gewesen, in mich hineinzufühlen, zu tasten, zu spüren, da war es auch schon vorbei. Ein irritierend abruptes Ende meiner ersten sexuellen Erfahrung. Ausgeknipst wie mit einem Schalter. Unfreiwillig, natürlich – und doch unwiederbringlich. Trotzdem war ich nicht wütend, nicht enttäuscht; ich war einfach nur verwirrt. Und ich wollte mit dieser Verwirrung allein sein. »Schon gut«, nuschelte ich, »ich möchte jetzt nach Hause, bitte.« Mike hat mich dann nach Hellersdorf gebracht. »Tschüss«, sagte er noch – es war das erste Wort, das er gesprochen hatte, seit wir den Parkplatz verlassen hatten. War ihm das Ganze unangenehm? Hatte das Bild des Mannes, der er für mich sein wollte, in seinen Augen einen hässlichen Riss bekommen? Ein letztes, zaghaftes Winken durch die nasse Scheibe, dann war er verschwunden.

Als ich endlich in meinem Bett lag, zuckten Gewitterblitze über den Berliner Himmel, und der sanfte Regen hatte sich zu einem Wolkenbruch ausgeweitet. Mama schlief tief und fest, ich hatte mich so leise wie möglich in unsere kleine Wohnung geschlichen, und sie hatte mich nicht gehört. Gott sei Dank. Ein liebevoll-scheinheiliges »Na, war's ein netter Abend?« oder auch nur ein stummes, aber fragendes Stirnrunzeln hätte ich jetzt nicht ertragen. Diesen Moment brauchte ich für mich allein. Jetzt war ich also kein sexuelles Perpetuum mobile mehr, das verschämt an sich selbst herumspielte – jetzt hatte ich wirklich mit einem Mann geschlafen. *Pah, nicht geschlafen*, ich war – ein kleines Lächeln tanzte über mein Gesicht – sogar gevögelt worden. Jawohl, gevögelt! Ich hatte etwas entdeckt, das schon Millionen Menschen vor mir entdeckt hatten: sexuelles Neuland. Ich war der weibliche Christoph Kolumbus der Erotik – ich war … stolz! Stolz, meine Hemmungen überwunden zu haben; stolz, einem Mann offensichtlich so gut zu gefallen, dass er seinen kleinen Freund nicht mehr unter Kontrolle hatte. Wohlig schnurrend rekelte sich mein gestreicheltes Selbstbewusstsein unter der Bettdecke. Und vermischte sich mehr und mehr mit einem zweiten, nicht weniger aufregenden Gefühl: einer großen lockenden Neugier. Denn auch wenn das mit Mike nicht der Himmel auf Erden gewesen war, so hatte es doch etwas ausgelöst in mir: Ich wollte unbedingt herausfinden, was Sex WIRKLICH war. Mit all seinen Facetten. Und allen Konsequenzen. Ich spürte Wind unter den Flügeln, Christoph Kolumbus würde weitersegeln, neuen Erfahrungen entgegen. Fühlen, riechen, schmecken, sehen – alle Sinne wollte ich befeuern und dabei selbstbewusster werden und sicherer. *Ich könnte doch …, am liebsten würde ich …* Langsam wurde mein Denken zähflüssig. Und die Vorfreude verwandelte sich in angenehme Müdigkeit. Kurz bevor der Schlaf in meinen Kopf kroch, dachte ich noch: *Danke, Mike, danke für diese Nacht. Du ahnst nicht, was sie ausgelöst hat – und was das für dich bedeutet ... Bitte verzeih!*

Und so kam es, dass Mike – *fühl dich gedrückt, mein Lieber!* – bald zu einem Kapitel meiner Geschichte wurde. Einem wichtigen und schönen Kapitel, das ich niemals vergessen werde. Doch für mich war es an der Zeit aufzubrechen. Es warteten einfach zu viele Abenteuer da draußen ...

Kurze Röcke, lange Nächte

Nach meiner Beziehung mit Mike begann die große Zeit des Ausprobierens, des Testens und Experimentierens. Meine wilden, ausschweifenden Jahre. Zwischen 19 und 24 habe ich wirklich jede Menge Erfahrungen gesammelt. Wie ein Eichhörnchen. Eine Nuss, dann noch eine und noch eine – bis ich irgendwann leckeren Nusskuchen für vier Fußballmannschaften backen konnte. Während dieser Zeit habe ich mit bestimmt 50 Männern geschlafen – oje, nicht gerade wenig, wenn ich diese Zahl jetzt so auf dem Papier betrachte. Mit dreien von ihnen hatte ich eine Beziehung, die anderen waren eben ... wertvolle Erfahrungslieferanten. Durch jeden einzelnen Mann habe ich mehr erfahren; habe gelernt, dass Sex aus Hunderten von Spielarten besteht, aus der richtigen Technik, aus erotischen Tricks, aus Psychologie. Ich habe neue Stellungen kennengelernt und Sex-Unfälle verursacht; ich war stark und schwach;

ich habe geliebt, dominiert und verachtet. Und je mehr ich erlebte, je mehr Männer ich traf, desto höhere Dosen dieses großartigen, wundervollen Aufbau-Elixiers brauchte ich – schließlich garantierte Sex mir damals vor allem eines: Selbstbestätigung. Es war wie eine Sucht, wie ein unstillbarer Hunger. Wenn ich merkte, dass ein Mann mich attraktiv fand und begehrte, dann blühte ich auf, entfaltete meine Blätter, wurde schöner – und damit glücklicher. Mica, die Erotik-Göttin, die anbetungswürdige Königin horizontaler Freuden. Sex machte auch Spaß, klar. Doch in erster Linie war er ein Katalysator für mein Selbstwertgefühl; er bedeutete Macht, MEINE Macht. Na ja, jedenfalls dachte ich das damals …

Sehr kurze Röcke, sehr lange Nächte – ich war zu einem richtigen Partymädchen geworden. Mein bevorzugtes Jagdgebiet war die Berliner Szene. Dort tummelte sich ein schräg-buntes Feiervölkchen, ein aufregender Mix aus »Schön und reich«, aus Models, Künstlern und Medienmenschen. Hier ein Fest, da eine Vernissage, immer war irgendetwas los. Meistens feierten wir uns durch die angesagten Clubs der Stadt, zogen dank ausgiebiger Wodkabetankung mit Vollgas durch die Nacht. Vier, fünf Tage pro Woche ging das so, und nicht selten endeten diese Nightlife-Exzesse mit dem mehr oder minder spontanen Austausch von Körperflüssigkeiten. Wenn ich heute so zurückblicke, habe ich fast das Gefühl, dass es jeder mit jedem trieb. Und ich selbst kann mich da wohl nicht ausnehmen. Eine schnelle, ruppige Nummer in der schwarz gekachelten Toilette einer Bar; ein Partylöwe mit perlweißem Raubtiergebiss, von dem ich mich erlegen ließ; ein Eventmanager, der sich zum 30. Geburtstag einen Blowjob wünschte – und ihn auch bekam. Da gab es Jungs, denen musste ich nur eine SMS schicken, und eine Stunde später standen sie vor meiner Tür. Ich bin sogar so weit gegangen – zu meiner Verteidigung kann ich vielleicht anführen, dass diese Idee vom Gollum-Mädchen stammte –, auf dem Computer eine Liste mit meinen Sexpartnern anzulegen, die ich immer wieder aktualisierte. Welcher Mann konnte wie oft, wer hatte welche Vorlieben, bei wem fühlte es sich am besten an – solche Dinge waren da akribisch aufgeführt. Damals fand ich das toll. Heute denke ich: Was für eine postpubertäre Peinlichkeit! Mein kleiner elektronischer Vögel-Führer war natürlich total bescheuert.

Doch wie gesagt, es war eine wilde Zeit – in die auch der erste und einzige Sex-Unfall meines Lebens fiel. Ich erinnere mich noch gut daran, es war wirklich beängstigend ... Ich war mit Lenny, meinem damaligen Lebensabschnittsbettgefährten, gerade aus dem Kino gekommen, und wir wollten den Abend eigentlich gemütlich auf dem Sofa ausklingen lassen. Doch irgendwie entwickelte sich das angedacht gemütliche Couch Potatoeing anders ... Und irgendwann saß ich dann auf ihm; Reiterstellung, ein wilder Galopp – plötzlich unterbrochen von einem noch wilderen Schrei. *Wow, was für ein Orgasmus*, dachte ich kurz, sah dann aber in das schmerzverzerrte Gesicht meines Lovers. »*Er sieht aus wie ein Huhn, das gerade ein viel zu großes Ei legt*«, frotzelte das Gollum-Mädchen, doch ich würgte meine innere Lästerschwester ab, bevor sie weitere Gemeinheiten von sich geben konnte. Denn Lenny ging es wirklich nicht gut. Er krümmte sich, zog mich von sich herunter und betastete seinen Penis, auf dem sich in kürzester Zeit ein dunkelvioletter Bluterguss bildete. Wie eine überreife Aubergine. »Das sieht nicht gut aus«, bemerkte ich überflüssigerweise, »gar nicht gut«. Dabei fiel mir Dieter Bohlen ein, dessen Liebeskriegerunfall in den Medien mit ähnlichen Symptomen beschrieben worden war. Lenny und ich zogen uns schließlich an und fuhren ins Krankenhaus. Dort stellte sich dann das wahre Ausmaß der Genital-Apokalypse heraus: Penisbruch – eine sofortige OP war notwendig! Beim Liebesspiel auf dem Sofa hatte bei Lenny anscheinend die Durchblutung seines Glieds nachgelassen. Das beste Stück war dann abgeknickt, eine zu heftige Bewegung von mir – und der Schwellkörper war gerissen. Sex mit mir war also Körperverletzung – na, wunderbar! Mal ganz abgesehen davon, dass ich mir um Lenny Sorgen machte: War ich wirklich so ungeschickt? Eine Miss Grobmotorik, die ohne Rücksicht auf Verluste über die Matratzen hasardierte und ihre Bettgefährten direkt auf den OP-Tisch ritt? Nun ja, es gab wohl noch einiges, das ich lernen musste ... Und wie macht man das am besten? Ganz klar: mit Learning by leidenschaftlichem Doing!

Ich war also weiter auf der Suche nach meinem moralischen Tiefpunkt; und ich muss schon sagen, ich habe wirklich viel mitgenommen in diesen Jahren. Vom Macho Marke megahart bis zum x-beliebigen Dingsbums-Dödel, dessen Namen ich schon am nächsten Morgen wieder vergessen hatte. Damals war ich der Meinung, ich würde dieses Leben brauchen – für mein Ego. Und vielleicht war es wirklich so. Jede Erfahrung war ein kleines Puzzlestückchen, das mich nach und nach vervollständigte; das mich dem Bild der Frau näher zu bringen schien, die ich sein wollte – eine begehrenswerte und berühmte Frau. Moment mal ... Immer langsam! Begehrenswert konnte ich zwar sein, das hatte ich mittlerweile herausgefunden. Aber berühmt? Nein, das war ich nicht; ich war bestenfalls berüchtigt, und das würde sich durch meine wahllosen Partyexzesse auch nicht ändern. »*Wenn du so weitermachst, mein Schatz, verschluckt dich die Masse*«, mahnte das Gollum-Mädchen. »*Ein Wanderpokal, durchgereicht und irgendwann abgelegt, ist es das, was du willst, hm? Du möchtest doch, dass man aufsieht zu dir, oder? Also, wenn du es selbst nicht schaffst, dann such dir jemanden, der dir dabei hilft. In Berlin gibt es jede Menge bekannte Leute, ja, mein Schatz, Schauspieler, Sänger, die können dir vielleicht helfen ...*«

Sex mit Promis: Schäferstündchen deluxe

Der erste Mann, der einen gewissen Namen hatte – zumindest im Norden der Republik – hieß Michael und war Politiker. Eigentlich fand ich damals seinen Bruder ziemlich süß, ebenfalls ein Smartie mit politischen Ambitionen. Doch dem hat man in seinem Umfeld schnell signalisiert, dass ein Mädchen, das Nacktfotos macht, nicht gerade karrierefördernd für einen politischen Shootingstar in spe ist. Sein Bruder war da etwas beratungsresistenter; er verliebte sich in mich, gleich nachdem er mich in einem Club das erste Mal getroffen hatte. Ich dagegen versuchte, den zaghaft aufkommenden Schmetterlingsflug in meiner Bauchgegend zu unterdrücken – schließlich war ich ja lediglich auf der Suche nach einem geeigneten Sprungbrett ins Blitzlichtbad. Michael war ein charmanter und gut aussehender Mann, und die nächtlichen Koalitionsgespräche mit dem jungen Politiker, der in der Horizontalen übrigens weder besonders demokratisch noch in irgendeiner Form christlich agierte, hatten durchaus ihren Reiz. Alles in allem dauerten sie – wie der berühmte Film – neuneinhalb Wochen, waren jedoch noch ein klitzekleines Stück von der prickelnden Erotik entfernt, die Mickey Rourke und Kim Basinger 1986 auf die Leinwand gezaubert hatten. Und wirklich viel Zeit, das zu ändern, hatten Michael und ich nicht. Denn bevor wir unsere leidenschaftlich-lustvollen Spielchen perfektionieren konnten, wurde unsere Affäre bekannt: *Politiker liebt Nacktmodel* war nicht unbedingt das, was Michael sich für seine Karriere wünschen konnte – und auch nicht das, was seine Parteigenossen vielleicht irgendwann einmal über ihn lesen wollten. Kurze Zeit darauf ist Michael – aus welchen Gründen auch immer – aus der Partei geflogen – und ich aus seinem Leben. Auch wenn die Trennung meinem Ego einen kleinen Stich versetzt hat, hat mir damals vor allem Michael leidgetan; ich wollte ihm seine Karriere wirklich nicht vermasseln. Was er heute macht, weiß ich gar nicht; ich kann mir vorstellen, dass er mit einer pflegeleichten Jura-Studentin zusammen ist. Das passt auch viel besser zu ihm. Und ich? Ich hatte schon kurz nach unserer Trennung einen neuen Mann kennengelernt, der wunderbar trösten konnte …

Durch ein paar gute Kontakte hatte ich eine Einladung für die Verleihung des Deutschen Filmpreises in

Berlin ergattert. Die Verleihung der LOLA, also quasi des deutschen Oscars, fand im Tempodrom statt, einer futuristisch anmutenden, zirkuszeltähnlichen weißen Event-Location auf dem Gelände des ehemaligen Anhalter Bahnhofs. Zum wichtigsten und glamourösesten Event der Filmbranche waren 2000 Gäste geladen, darunter die besten Schauspieler, wichtigsten Wirtschaftsbosse, bekanntesten Profisportler – und ich, Micaela Schäfer, damals noch weitestgehend unbekannter Nackedei mit medialen Ambitionen. Ein flauschiger roter Teppich, perlender Champagner, ein Rudel zu diesem Zeitpunkt noch gut gelaunter Pressefotografen – die Glitzerwelt der Stars entfaltete schnell Magnetwirkung. Ich stand noch keine zehn Minuten im Foyer des Tempodroms und zupfte mir eine wenig figurschmeichelnde Falte aus dem (natürlich geliehenen) Strenesse-Abendkleid, als ich IHN sah. Markante Gesichtszüge, grüne Augen, die linke Hand lässig in der Hosentasche des schwarzen Smokings: Ein echter Leinwand-Beau. Ich kannte ihn bislang nur aus dem Fernsehen, doch in Wirklichkeit sah er noch besser aus. Seine Lächelgrübchen wirkten noch sympathischer, sein Blick war noch klarer. Silvio erschien mir damals wie ein Typ wie aus einem Italo-Western: kantig, verwegen, irgendwie ein bisschen verlebt. Bis zu diesem Zeitpunkt hatte ich bestenfalls weichgespülte Bonanza-Boys kennengelernt, die man problemlos in diese berühmte TV-Familie aus drei asexuellen Brüdern, ihrem omnipräsenten Pa und dem chinesischen Aushilfskoch integrieren hätte können. Doch Silvio war anders, ganz anders. Ein leichtes, unbeschwertes Flirren prickelte über meine Haut. *Den würde ich gerne kennenlernen*, dachte ich.

Und – was soll ich sagen – eine halbe Stunde später hat er mich tatsächlich angesprochen. Ich muss ihm wohl auch aufgefallen sein ... Funkenflug. Sympathiewellen. Herzklopfen. Feuchte Hände. Unser Flirt kam schnell auf Touren. Später haben wir Telefonnummern getauscht, und gleich am nächsten Tag hat Silvio angerufen.

Wir haben uns dann in einer kleinen gemütlichen Kneipe mit rot-weißen Tischdecken und grob gezimmerten Holztischen getroffen; wir haben geredet, viel gelacht, jede Menge Wein getrunken – und dann sind wir zu ihm gegangen. Die Tür war noch nicht ganz zu, da fielen wir auch schon übereinander her. Meine Hand zwischen seinen Beinen, seine Zunge, die über meine Brustwarzen leckte. Während ein Kleidungsstück nach dem anderen auf die warmen Terrakotta-Fliesen fiel, arbeiteten wir uns voran: durch den langen Flur mit den Bücherregalen, vorbei an der Küche, dann Richtung Schlafzimmer, bis wir schließlich in seinem Bett landeten. Silvio hatte einen schönen Körper, er konnte küssen, er wusste, was er mit seinen Fingern anstellen musste, und ich war feuchter als die Gebiete im Roman von Charlotte Roche. Wir liebten uns wild und leidenschaftlich. Verschlungene Arme. Schwitzende, pumpende Körper. Es war keines dieser lieblos heruntergeratterten Beischlafprogramme, wie ich schon so viele erlebt hatte; es war ein fantastischer Fick, gekrönt von einem Finale furioso, das Silvio im postkoitalen Ermattungszustand ein ziemlich zufriedenes Grinsen ins Gesicht zimmerte.

Die Sache mit ihm hatte wirklich vielversprechend begonnen. Und anfangs ging es auch ebenso weiter. Wir haben viel gemeinsam unternommen, sind schick essen gegangen, ins Kino, auf Partys und einmal sogar auf eine Filmpremiere. Es erschienen die ersten Fotos von uns in den Zeitungen. »*Siehst du, mein Schatz*«, sagte mein Gollum-Mädchen, »*es funktioniert, jetzt geht es voran.*« Sie schien wirklich recht zu behalten. Silvio stand zu mir, auch in der Öffentlichkeit, und ich genoss es. Damals fand ich es unglaublich aufregend, die Frau an der Seite eines Schauspielers zu sein. Die Leute haben sich mit mir beschäftigt, ich wurde fotografiert und eingeladen – ich war vom unsichtbaren Niemand zum Jemand geworden. Die Zeit mit Silvio verging wie im Flug, und ich schwebte verliebt und latent euphorisiert durch milde, sonnenbeschienene Herbsttage. Doch alles änderte sich mit einem Anruf an einem Oktoberabend …

Er sei gerade im Krankenhaus, sagte Silvio zu mir, seine Freundin hätte dort ihr gemeinsames Baby zur Welt gebracht; wir könnten uns jetzt erst einmal nicht mehr sehen. Er wolle sich momentan zurückhalten, meinte er, man könne ja ein bisschen abwarten und in einem halben Jahr vielleicht wieder telefonieren. Ich war geschockt – nein, ich war paralysiert! *Von welcher verdammten Freundin spricht er da?*, hämmerte es in meinem Kopf. *Er hat doch behauptet, er sei Single*! Und – was noch viel unfassbarer war – *welches Baby, um Gottes willen?* Ich wusste in diesem Augenblick wirklich nicht, was ich sagen sollte; ich würgte einige zusammenhanglose Wortfetzen heraus und legte auf – dann brach alles in mir zusammen. Entgleiste Mimik und salzige Sturzbäche, die heiß über meine Wangen strömten. Als die schließlich versiegt waren, kam die Wut: *Was für ein Arschloch, wie kann er mir das antun!* Er hatte mich benutzt, hatte mir den Himmel voller Geigen gehängt. Und dann hat er mich in die Ecke gestellt wie eine alte, nutzlos gewordene Fiedel. Garantie abgelaufen, Reparatur zwecklos – also ab auf den Sperrmüll damit. Auch mit einigen Jahren Abstand bleibe ich dabei: Das war eine richtig miese Nummer. Übrigens auch für Silvios Freundin: Sie hockte die ganze die Zeit schwanger zu Hause, während ihr Freund zwecks Abbau von heimisch verordnetem Samenstau mit mir durch die Betten getobt war. Mal ehrlich, so etwas geht doch gar nicht. Als Single bist du frei, alles ist erlaubt. Aber als werdender Vater bleibt man treu. Silvio, mein smarter, mein verwegener, einem Italowestern entsprungener Held – im Endeffekt hatte er sich als ziemlich windiger Pistolero entpuppt. Ein Überfall, schnelle Beute, und dann ab über die Grenze. *Adios muchachito, bis irgendwann einmal!* Vielleicht sind ja alle Cowboys so … Immer gibt es eine Weide, auf der das Gras noch grüner ist, immer einen Sonnenuntergang, in den man reiten kann. Beim Abgang von manchen Cowboys bleibt Wehmut zurück. Bei Silvio blieb nichts.

»Du und deine Gefühlsduselei«, stichelte das Gollum-Mädchen anschließend, *»immer Tränen, immer Dramen. All diese Gefühle sind dir nur im Weg, mein Schatz, merkst du das nicht? Jetzt vergisst du mal dein Herz, ja, und verwendest deinen Kopf. Jetzt suchst du dir einen Mann, der dich wirklich weiterbringt. Und verlieb dich gefälligst nicht wieder, hörst du!«* Nun, es hat nicht lange gedauert, bis ein aussichtsreicher Kandidat auf der Bildfläche erschien. Es war jemand, den ich hier namentlich nicht erwähnen möchte. Ich denke, es wäre ihm nicht recht. Aber erzählen möchte ich

schon von ihm. Er ist Kampfsportler – und zwar nicht irgendeiner, er war immerhin mal Weltmeister. Ich werde ihm das Pseudonym »Bo« verpassen. Also, ich sah Bo zum ersten Mal auf einem Ball in einem Luxushotel. Er war dort Gast, und ich hatte an diesem Abend einen Job als Hostess. Als er in einem dunklen, top sitzenden Anzug den großen Saal betrat und mir ein kurzes Haselnussaugen-Lächeln schenkte, entschloss ich mich, meine Angel auszuwerfen. »*Hast du gemerkt, wie er dich angesehen hat?*«, zwitscherte das Gollum-Mädchen fröhlich. »*Wäre doch gelacht, wenn du es nicht hinkriegen würdest, dir diesen Prachtkerl an Land zu ziehen.*« Wenig später stand Bo dann vor einer Fotowand und ließ sich cool und souverän für die Klatschpresse knipsen. Das war meine Chance. *Jetzt oder nie*, dachte ich. Ich drängelte mich an den Fotografen vorbei und stellte mich einfach neben ihn, und – trara! – hatte ich zwei Dinge erreicht. Erstens: Ich war mit auf den Fotos, die sicher ihren Weg in die eine oder andere Redaktion einer Boulevardzeitung finden würden; und zweitens: Bo und ich hatten ein spontanes Gesprächsthema. In den nächsten ein, zwei Stunden lief ich im Flirt-Modus und verdrehte Mister Muscle scheinbar derart den Kopf, dass er irgendwann das ganze Kennenlern-Pipapao aufs Rudimentäre verkürzen und sofort mit mir auf sein Hotelzimmer verschwinden wollte. Bei Bo habe ich zum ersten Mal eine Ahnung davon bekommen, welch machtvolle Fäden Erotik zu spinnen vermag. Fäden, mit denen ich Männer lenken konnte, die sie zu Jim Knopf machten, zu einer ferngesteuerten Marionette, angetrieben von ihrem erwartungsfroh aufgerichteten Genitalsensor, der dem Gehirn nonstop seinen Paarungswunsch signalisierte. Bos Wunsch an diesem Abend habe ich trotz dieser faszinierenden Erkenntnis abgelehnt.

Einige Tage später haben wir uns dann getroffen. Ich wollte feststellen, ob mein Gollum-Mädchen recht hatte und ein Mann wie er mich wirklich weiterbringen würde. Anfangs haben wir uns auch wirklich gut verstanden. Bo ist ein witziger, auf charmante Weise manchmal jungenhaft schüchterner Mann – jedenfalls solange, bis man mit ihm ins Bett geht. Dann nämlich erwacht der animalische Kraftprotz in ihm. Zärtlichkeit? War wohl nicht sein Ding. Einfühlungsvermögen? Scheinbar ein Fremdwort. Sex, das war ebenfalls Kampfsport für ihn, und der ging gleich beim ersten Mal über drei Runden ...

Runde 1: Bo küsste mich wie ein Frosch beim Fliegenfangen – waschlappenfeucht, raumgreifend und verdammt hart. Trainierte dieser muskelbepackte Adonis eigentlich auch seine Zunge? Ausschließen konnte ich das jedenfalls nicht.

Runde 2: Bo griff unter mein T-Shirt, zog es über meine Brüste nach oben. Doch weil es einen engen Ausschnitt hatte und er es nicht gleich über meinen Kopf bekam – so groß ist der nun wirklich nicht! –, hat er es einfach von oben nach unten durchgerissen. *Okay*, dachte ich, *jetzt kommt's, jetzt verwandelt er sich in Hulk und läuft grün an.* Meine Erregungskurve fiel steil ab.

Runde 3: Als wir dann richtig zur Sache kamen, animiert von einem Porno, der im Hintergrund lief – *welch* *wunderbare Idee beim ersten Date, Bo!* –, gab der gute Mann wirklich alles. Das war kein Liebemachen, kein Miteinanderschlafen. Bo rammelte wie ein Karnickel: schnelle, heftige Stöße; ein Stakkato, das mich an die Singer-Nähmaschine meiner Tante Helga erinnerte. Ich bin kein Fan von Kuschelsex – doch das war mechanischer Hochleistungssport, gehämmert, nicht gefühlt. Zwischendurch keuchte er immer wieder: »Kommst du? Kommst du? Kommst du?« Spätestens da lag meine Libido vollends am Boden, ausgeknockt in der dritten Runde. Mit seiner Fragerei hatte Bo es tatsächlich geschafft, auch noch das letzte bisschen Leidenschaft aus den Laken zu quatschen.

Denn einmal davon abgesehen, dass ich solche Fragen grundsätzlich bescheuert finde: Ich bekomme nie einen Orgasmus, wenn ich mit Männern schlafe. Als ich jünger war, habe ich mir darüber oft den Kopf zerbrochen. Was stimmte nicht mit mir? War ich frigide? Oder waren die Männer, mit denen ich ins Bett ging, alle Nieten? Erst später habe ich gelernt, dass es sehr vielen Frauen so ergeht: Sie bekommen keinen oder nur sehr selten einen Orgasmus – und genießen ihr Sexleben trotzdem. Doch als junges Mädchen fehlte mir diese Erfahrung. Um nicht als emotionsloser Langweiler abgestempelt zu werden, habe ich deswegen sogar einmal versucht, einen Orgasmus vorzutäuschen – was gründlich in die Hose gegangen ist. Der Typ, es war ein Zehnkämpfer aus München, hat es nämlich gemerkt und ist richtig sauer geworden. Zuerst habe ich mich natürlich gefragt, was ich falsch gemacht hatte bei meinem spontanen *Harry & Sally*-Intermezzo: War mein Gesicht vielleicht zu verkrampft? Oder habe ich übertrieben gekeucht wie eine Kettenraucherin nach dem New-York-Marathon? Schon möglich, ich habe ja bereits von meinen wenig ausgeprägten schauspielerischen Talenten berichtet … Und trotzdem: Musste mir der alpenländische Naturbursche deswegen so eine Riesenszene machen? Sicher nicht! Doch es scheint nun einmal so zu sein, dass viele Männer ihre eigenen sexuellen Fähigkeiten daran festmachen, ob sie eine Frau zum Orgasmus vögeln können oder nicht. Ich Tarzan, du Orgasmus! Mann kann und lässt kommen – was für eine eindimensionale Rollenverteilung. Schließlich gibt es ja auch noch andere sexuelle Spielarten, die uns Frauen glücklich machen können. Eine gewisse Fingerfertigkeit, zum Beispiel. Oder der richtige Zungenschlag, also Oralverkehr, dem ich übrigens die einzigen beiden Höhepunkte meines Lebens verdanke, die ich mir nicht selbst beschert habe. Das erste Mal war es der Geschäftsführer einer Immobilienfirma, der – kein Witz! – in seiner Freizeit gerne Trompete geblasen hat. Zum zweiten Orgasmus verhalf mir ein Versicherungsmakler, der beim Klima-Studium in der südlichen Hemisphäre ebenfalls ausgezeichnete Fähigkeiten an den Tag legte. Das war's dann allerdings auch schon. Bei den meisten Männern gehört Klitoral-Kommunikation nicht zum Portfolio der Kernkompetenzen. Sie haben keine Ausdauer, wissen nicht, wie und wohin genau sie ihre Zunge auf Reisen schicken sollen. So viele Frauen, die ich kenne, geben mir da recht: Das, was wir am liebsten mögen, nämlich ein vernünftiges, zungengesteuertes Vaginal-Workout, das beherrschen die Männer am wenigsten. Das galt leider auch für Bo, meinen Weltmeister-Kampfkünstler.

Obwohl er ein richtig netter und sympathischer Kerl war, hat der Sex mit ihm nicht wirklich Spaß gemacht. Er war zu brutal. Zu hart. Und – aufgrund seiner Probleme mit meiner Orgasmusblockade – irgendwann auch ein bisschen verkrampft. Als Bo dann eines Tages mit einem überraschenden Vorschlag um die Ecke kam, schöpfte ich noch einmal Hoffnung: Ob ich Lust auf einen Dreier hätte, wollte er wissen; und ob ich eine Freundin hätte, die bei so etwas mitmachen würde. »*Wen interessiert das denn?*«, giftete das Gollum-Mädchen. »*Sieh lieber zu, dass das mit dir und ihm endlich was wird. Sonst bringt das Ganze doch nichts, mein Schatz!*« Doch für mich klang Bos Idee nach einem Abenteuer, mein inneres biochemisches Kraftwerk hatte die Arbeit aufgenommen: Sex zu dritt war eine durchaus aufregende Vorstellung ... Ich versprach Bo, mich darum zu kümmern, und dabei glänzten seine Haselnussaugen wie Fettringe in der Hühnersuppe. Allerdings musste er mir versprechen, die Sache mit meinem ausbleibenden Höhepunkt kein einziges Mal mehr zu erwähnen. Das Wochenende darauf ist Bo dann mit mir und einer Freundin ins Tropical Island gefahren, einer riesigen, künstlich angelegten Tropenwelt in Brandenburg, in der man auch übernachten kann. Bo hatte für unsere bumsfidele Reisegruppe ein wirklich kuscheliges Zelt in einem Regenwaldcamp gebucht. Allerdings machte die Freundin, die vorher noch großspurig getönt hatte, was für eine Expertin sie beim Rudel-Rammeln sei, dann plötzlich einen Rückzieher. Während sie vor dem Zelteingang mit ihrem Gameboy spielte – *yippieh*, *ein neuer Moorhuhn-Rekord!* –, tanzten Bo und ich unseren letzten Matratzentango. *Ratter, ratter, ratter*, ging die Nähmaschine. Und während ich mich krampfhaft an den Bambusstreben des Bettkopfteils festklammerte, keuchte seine Stimme in meinem Ohr: »Aber jetzt kommst du gleich, oder?«

Bo und die Frage aller Fragen … Also ehrlich, gestümperter Sex-Talk kann im Bett ganz schön abturnend sein. Dabei gibt es doch viele wunderbare Spielarten, raffinierte Tricks und Fantasien, die für Spaß in der Kiste sorgen. *Ach Bo, hättest du doch nur folgende Liste gelesen, wer weiß, was aus uns beiden geworden wäre …*

Reden ist Silber, Schweinigeln ist Gold: meine Top 8 der Sex-Booster

1. Ich mag's gern ein bisschen härter!
Ich habe – Alice Schwarzer möge mir verzeihen – ein relativ simpel gestricktes Lustschema: Ich muss in meinem Job stark und dominant sein, doch im Bett will ich das nicht. Da möchte ich mich einfach nur hingeben. Wenn im Alltag die Frauen mehr und mehr die Hosen anhaben, dann ist das toll. Doch beim Sex soll es andersherum sein; da muss es der Mann sein, der mir sagt und zeigt, wo es langgeht. In der Horizontalen mag ich Kalkentferner, keine Weichspüler. Sonst kann es passieren, dass ich schnell den Respekt verliere. Dabei darf es nach meinem Geschmack ruhig ein bisschen här-

ter zur Sache gehen. Ich stehe zwar nicht auf Sadomaso, aber ein scharfer Klaps auf den Po oder ein kleines bisschen kontrolliertes Würgen oder Kratzen, das macht mich schon an. Auf so etwas stehen viele Frauen, das höre ich immer wieder. Leider trauen sie sich viel zu selten, ihre Männer danach zu fragen. Und von sich aus kommen Männer sehr selten auf diese Ideen; da sind sie viel zu unsicher, es fehlen ihnen Selbstbewusstsein und Souveränität – leider!

2. Erotik pur

Der lustvolle Blick meines Gegenübers, wenn er über meinen Körper gleitet; der Duft seiner Haut; der harte Schwanz – das sind Dinge, die mich anmachen. Sex ist für mich etwas Pures, etwas rein Körperliches – und dazu brauche ich keine Spielsachen. Dildos, zum Beispiel, kann ich überhaupt nicht leiden. Wenn ich es mir selbst mache, habe ich zehn gesunde Finger, die ich verwenden kann. Und wenn ich einen Partner habe, brauche ich keinen Vibrator, dann habe ich das Original aus Fleisch und Blut. Für mich persönlich gehört auch kein wasserabweisender Cockring zum Programm, keine Joy-Balls, kein Oralsexsimulator – da gibt es ja wirklich die abenteuerlichsten Sextoys. Aber ich möchte nichts im Bett haben, was brennt, brummt, summt oder klickert. Das ist nichts für mich. Hier gilt bei mir ganz klar: Weniger ist mehr

3. Nächtliches Überfallkommando

Ich träume davon, einmal mitten in der Nacht aufzuwachen, weil ein Mann mich berührt, ich seine Erregung spüre ... Sein harter Schwanz an meinem Po. Er drängt sich von hinten an meinen schlafwarmen Körper, streichelt mich. Er spricht kein Wort, macht kein Geräusch. Die Stille umfängt uns wie ein Kokon. Er dringt in mich ein, während seine Arme mich umschließen, und noch immer bleibt er stumm ... Immer wieder träume ich davon, diese Fantasie einmal Wirklichkeit werden zu lassen. Doch jemanden, der sie zum Leben erwecken kann, habe ich noch nicht getroffen. Klar, da gab es einige, die sagten, ja super, das mache ich – doch diese Sandmännchen sind dann nachts natürlich nicht aufgewacht. Einer hatte sich sogar den Wecker gestellt, den haben wir allerdings beide nicht gehört. Also, wie gesagt, auf ein stilles, nächtliches Überfallkommando warte ich bis heute ...

4. Käuflicher Sex

Der Gedanke an Sex zu dritt erregt mich. Ich weiß nicht, wie oft ich schon versucht habe, meinen jeweiligen Partner dazu zu überreden, eine Prostituierte anzuheuern, mit der wir es dann treiben könnten. Doch fast jedes Mal, wenn es so weit war, haben die Männer einen Rückzieher gemacht. Wenn ich gesagt habe, guck mal, hier ist eine Nummer, die rufen wir jetzt an, oder da vorne an der

Straßenecke steht eine, die fragen wir jetzt, dann haben sie einen Rückzieher gemacht. Nervosität, Schweißausbruch, Zigarette anzünden – die Reaktionen waren fast immer identisch. Vielleicht überfordert Männer der Sex mit zwei Frauen einfach, immerhin sind das vier Brüste und zwei Muschis, die geknetet, gestreichelt oder liebkost werden wollen. Wahrscheinlich ist das dann für den einen oder anderen doch zu viel Multitasking. Eigentlich schade, denn so ein Erlebnis ist eine wirklich erregende Erfahrung – die ich bislang nur einziges Mal machen durfte: Ich war mit meinem Kurzzeit-Lover Joe in einer Table-Dance-Bar in Berlin. Dort habe ich ihm dann für 300 Euro ein Mädchen klargemacht, das in einem abgetrennten Raum mit ihm gevögelt hat. Ich saß daneben, in einem plüschig-gepolsterten Barocksessel, mit einem Glas Champagner in der Hand, und habe zugesehen, wie dieses Mädel – ein fideler Feuerfuchs mit einer Haut wie Milch – sich auf Mikes Schoß so richtig abgestrampelt hat. Ich habe diesen Anblick genossen, dieses animalische Pumpen ihres Beckens machte mich richtig heiß. Ich sehe mir ohnehin gerne nackte, vollbusige Mädels an, so wie die leider viel zu früh verstorbene Anna Katja Smith in ihren besten Jahren oder wie das schwedische Model Victoria Silvstedt. Doch auch die rothaarige Akrobatin auf Mikes Schoß hatte ihre Reize … Ihn allerdings schien die Situation ein bisschen zu überfordern. Er hat zwar bis zum Ende durchgehalten, aber zwischendurch immer wieder fragend zu mir herübergesehen. »Ist das okay, was ich hier tue?«, konnte ich in seinen Augen lesen. »Es verletzt dich wirklich nicht?« Nein, Mike, ganz im Gegenteil! Von mir aus hätten wir so etwas noch viel öfter machen können …

5. Füßeln einmal anders

Wenn ich mit einem Mann in einem Lokal beim Abendessen sitze, kann es schon einmal passieren, dass ich ihm ins Ohr flüstere, ich hätte gerade keinen Slip unter meinem Röckchen an … Wenn er dann heimlich aus seinem Schuh schlüpft, mir seinen Fuß unter dem Tisch zwischen die Beine schiebt und seine Zehen dort auf Erkundungstour schickt, werde ich ziemlich schnell geil. Jedenfalls solange sich der gute Mann nicht Muttis selbst gestrickte Kratzesocken aus unbehandelter Schafswolle über die Quanten gestülpt hat. In allen anderen Fällen – also von weichen Naturfasern über Synthetik bis zu barfuß – kann das Stimmungsbarometer zwischen meinen Lenden derart schnell auf feucht-fröhlich schnellen, dass zwischen Hauptspeise und Dessert ein kleiner Zwischengang auf der Restauranttoilette eingelegt werden muss.

6. Schöner, fremder Mann

Sex mit einem Unbekannten – ich weiß, dieser fantasievolle Film läuft in so manchem weiblichen Kopfkino. Keine Namen, keine emotionale Vorgeschichte, keine Verpflichtungen. Nur ein kurzes Aufflammen. Hell und heiß und lodernd wie ein bengalisches Licht, gelöscht von Sperma und Schweiß. Ich musste lange davon träumen, bis so etwas auch für mich wahr wurde ... Es begann an der Bar eines Kölner Hotels, da saß ein Mann genau nach meinem Geschmack: reif, schon ein bisschen grau, in sich ruhend, Typ »seriöser Geschäftsmann«. Wir kamen schnell ins Gespräch. Ich glaube, er hatte mich um das Schälchen mit den Erdnüssen gebeten. Wie aus Knabberzeug Frivolität entsteht, wie ein Small-Talk derart schnell abgleiten kann in schlüpfriges Verlangen – ehrlich gesagt, ich weiß es nicht. Doch bereits nach wenigen Minuten war klar, worauf das Ganze hinauslaufen würde. »Wir tun das jetzt, oder?«, fragte er schließlich. Ich nickte nur. Und dann sind wir auf sein Hotelzimmer gegangen. Und, werdet ihr fragen, hat es sich gelohnt? Absolut! Der Sex mit Mister Unbekannt – ich wusste nicht einmal, wie er heißt –, das war ein spontaner, aber unerwartet intensiver Kick für mein Selbstbewusstsein; ein abenteuerlicher Ego-Booster, der mich geradezu berauscht durch die nächsten Tage schweben ließ. Und so etwas kann hin und wieder doch nicht schaden, oder?

7. Heimisches Vorglühen

Bevor ich mich mit Männern treffe, sehe ich mir manchmal zu Hause kleine Pornoclips an. Das befeuert die Fantasie und sorgt für ein gewisses Grundrauschen in der Liebesgrotte. Am liebsten mag ich Amateurpornos; ich will echte Menschen beim Sex sehen und keine Schauspieler, die genau wissen, wo sie wann welche Bewegung machen müssen und dabei auch noch gut aussehen. Die Darsteller müssen nicht besonders hübsch sein, am besten sind ganz durchschnittliche Menschen. Da gibt es ja einschlägige Portale, auf denen man solche Filmchen findet, die einen ganz schnell in Stimmung bringen.

8. Ich spreche sexisch
Sex-Talk gehört für mich absolut dazu; es macht mich an, wenn mich jemand ein bisschen beschimpft (»Jetzt besorg ich's dir, du kleine Drecksau!«) oder anspornt (»Komm, beweg deinen geilen Arsch!«). Manchmal animiere ich die Männer auch (»Komm, fick mich! Fick mich härter!«) oder benutze die Rammel-Rhetorik dazu, eventuelles Beischlafgestümper zu beenden: »Jetzt spritz in mich rein« lassen sich die meisten Kerle nicht zweimal sagen. So etwas ist ganz praktisch, wenn der Typ, mit dem man es gerade treibt, kein wirklicher Sex-Gott ist und man halbwegs anständig aus der Nummer rauskommen will. Doch wie schon erwähnt, manche Männer verstehen Sex-Talk einfach falsch – womit wir wieder bei Bo und seiner ziemlich nervigen »Kommst-du-jetzt?«-Fragerei wären …

Ich habe ihn nach unserem Ausflug ins Brandenburger Regenwaldparadies nicht wieder gesehen. Wir waren uns beide einig, dass es zwischen uns nicht wirklich passte. Ich bin also nicht die Freundin eines nicht ganz unbekannten Sportlers, doch das Gollum-Mädchen war trotzdem halbwegs zufrieden mit mir: Ich hatte mich dieses Mal wenigstens NICHT unglücklich verliebt, hatte am Ende NICHT geheult wie ein Schlosshund und war um einige sexuelle Erfahrungen reicher geworden. Eigentlich hätte es auf diesem Weg weitergehen können – doch es kam anders. Schuld daran war ein Mann, der schon seit vielen Jahren eine große Nummer im deutschen Musik-Business ist.

Ich traf Peter – das ist natürlich nicht sein richtiger Name – zufällig beim Bäcker um die Ecke. Da ich morgens grundsätzlich noch tapsig wie ein Bär nach dem Winterschlaf bin, war mir meine Tüte mit den Brötchen heruntergefallen; und Peter, dieser süße Typ, der – wie man bei seinen Musik-Clips feststellen konnte – nicht wirklich der geschmeidigste Tänzer unter der Sonne ist, bückte sich mit solch einer Grazie, dass ich spontan lächeln musste. Gibt es so etwas wie Liebe auf den ersten Blick? Noch dazu, wenn jemand vor dir auf dem Boden krabbelt und Brötchen aufsammelt? Jedenfalls fand ich Peter vom ersten Augenblick an faszinierend. Nach der Brötchen-Aktion haben wir uns besser kennengelernt, dann sehr viel besser … Mit ihm zu schlafen war wunderbar – da war das hungrige Begehren in seinen Augen; da war eine große Nähe zwischen uns und ein Sog, den dieser bekannte Mann, der auf eine wunderbare Art bescheiden geblieben ist, auf mich ausgeübt hat. Was mich jedoch am allermeisten fesselte, war etwas anderes: Mit Peter konnte man sich wunderbar unterhalten. Wir haben wirklich unendlich viele tiefgründige Gespräche geführt, konnten aber auch ganz leicht und beschwingt einfach nur miteinander plaudern. Dabei heißt es doch eigentlich: Ein Mann, ein Wort – eine Frau, ein Wörterbuch. Da gibt es Studien, die besagen, dass ein Mann angeblich 7000 Wörter pro Tag verwendet, eine Frau dagegen rund 20 000 Wörter. Doch auf Peter traf das nicht zu. Keine gegrunzte Kommunikationsblockade am Frühstückstisch, kein Sprechverbot vor der Flimmerkiste – *Psst, Schatz, jetzt läuft Fußball!* –, kein Was-will-er-mir-eigentlich-sagen-Dechiffrieren. Und zuhören konnte er auch noch – was für ein Traumprinz! Ich habe an ihm geklebt wie ein angelutschtes Bonbon am Hosenboden. Innerhalb kürzester Zeit ist da etwas gewachsen zwischen ihm und mir; es entstand ein Band des Vertrauens, das unsere Affäre zu etwas ganz Besonderem machte – na ja, das habe ich jedenfalls geglaubt. Ein großer Fehler, wie sich herausstellen sollte …

Nachdem wir die Beziehung einige Zeit geheim gehalten hatten, versprach Peter mir, die Geschichte mit mir offiziell zu machen. Es sollte auf der Verleihung des Musikpreises Echo geschehen, dort wollte er sich das erste Mal mit mir an seiner Seite zeigen. Hand in Hand würden wir dorthin gehen, hat er gesagt; ein schickes Abendkleid würde ich bekommen, hat er gesagt. Und dann, zwei Tage vor dem großen Abend, hat er gesagt, er müsse sich das mit uns noch einmal überlegen. Er sei irgendwie noch nicht über seine Exfreundin hinweg – mit der er dann auch auf die Echo-Verleihung gegangen ist. Während die beiden über den roten

Teppich schlenderten, während sie mit ihrem glücklichen, bumsblöden Dauergrinsen im Blitzlicht badeten – die Erinnerung an diese Fotos macht mich heute noch ganz kirre! –, zertrümmerte ich zu Hause einen ganzen Satz Ikea-Wassergläser an der Küchenwand. Klirr – *Du Schwein!* Doosh – *Du Verräter!* Ich brüllte, als ob man mich mit dem nackten Po auf eine heiße Herdplatte gesetzt hätte. Zersplitterte Zukunft, schmerzvolle Wahrheit – ein kleiner Scherbenhaufen in meiner verliebten Seele. Peters feiger Rückzieher, der natürlich auch ein Schlussstrich unter unserer Beziehung gewesen war, hatte mich wirklich verletzt. Und dennoch: Mit diesem Mann war meine emotionale Talsohle immer noch nicht erreicht, noch lange nicht. Denn mit dem nächsten flog ich noch viel höher – und fiel entsprechend um einiges tiefer: War es ein kleines Erdhörnchenloch, in das ich mit Peter gestolpert war, dann stürzte ich bei meinem nächsten Abenteuer in den Marianengraben, und der ist immerhin 11 000 Meter tief!

Nils hatte ich über einen gemeinsamen Bekannten kennengelernt. Er war ein stiller, reiferer Mann; einer mit Leben im Gesicht. Ich weiß nicht, warum mich so oft ältere Semester in ihren Bann ziehen, Männer in Anzügen, gediegen, fast ein bisschen spießig, solche, die Frauen eher nach ihren inneren Werten beurteilen als nach Po und Brüsten. Vielleicht suche ich ja unbewusst nach so etwas wie einer Vaterfigur ... Es scheint diese Aura der Souveränität zu sein, die mich immer wieder fasziniert und inspiriert, dieses gelassene In-sich-Ruhen. Wie dem auch sei, Nils, ein Anlageberater aus der Nähe von Kiel, war so ein Mann. Er gab mir das Gefühl, ich sei die beste, die wundervollste – die einzige Frau in seinem Leben. Geborgenheit. Sicherheit. Sex, der sich vom Machtinstrument zu wirklicher Hingabe verwandelte. All das spürte ich bei ihm, saugte es auf, ließ es den Scherbenhaufen in meinem Herzen wegfegen. Etwas anderes sollte ich der Fairness halber hier auch noch erwähnen: Nils war reich, sehr reich sogar. Und ich würde lügen, wenn ich sagte, sein Geld hätte mich nicht auch ein bisschen beeindruckt.

In unserer gemeinsamen Zeit führte ich wirklich ein Luxusleben. Das war *Plötzlich Prinzessin*, das waren einige Monate High Class auf der Überholspur. Als junges Mädchen hatte ich immer davon geträumt, nur einen einzigen Tag mal so leben zu können wie Paris Hilton. Dieser Traum war jetzt wahr geworden, denn Nils las mir jeden Wunsch von den Augen ab. Handtaschen von Gucci und Prada, ein Diamantarmband, ein Chanel-Kleid, Schuhe von Christian Louboutin, eine schwarze Amex-Karte – alles über mir ausgeschüttet wie aus einem unsichtbaren goldenen Füllhorn. Da gab es Tage, an denen Nils 20 000 bis 30 000 Euro für mich ausgegeben hat. Er überraschte mich mit spontanen Ausflügen in 5-Sterne-Hotels, mit Wochenendtrips nach Dubai, zu denen wir – wie selbstverständlich! – mit dem Privatjet geflogen sind. Das alles war der Wahnsinn, war Disneyland deluxe – aber es fühlte sich einfach unfassbar gut an! Ich konnte mich fallen lassen in eine nach Rosenwasser duftende Wunderwelt, die unvorstellbar weit entfernt war von den Bratkartoffelschwaden aus Mamas Küche; direkt in die Arme eines Mannes, der offensichtlich sein Herz an mich verloren hatte. Endlich konnte ich wieder einmal alle Sorgen vergessen, und – ja, ich gebe es zu! – ich verlor dabei auch ein wenig den Bezug zur Realität. Was sich natürlich auch nicht änderte, als Nils und ich anfingen, uns in Berlin verschiedene Wohnungen anzusehen, in die wir gemeinsam einziehen wollten. Wir waren sogar bei einem Juwelier, wo Nils einen Verlobungsring für 10 000 Euro in Auftrag gegeben hatte. Anschließend sind wir – beseelt wie Zahnspangen-Teenies nach dem ersten unfallfreien Zungenkuss – ins Borchardt gegangen, *das Berliner In-Lokal in der Nähe des Gendarmenmarkts*, und haben mit Champagner auf unsere gemeinsame Zukunft angestoßen. Ich dachte, *wow, endlich, endlich, endlich steht ein Mann zu mir; nimmt mich, wie ich bin; kümmert sich nicht darum, was ich anziehe, wie ich mein Geld verdiene und was die Medien über mich berichten*. Mit Nils war für mich plötzlich alles vorstellbar: Verlobung, Hochzeit, Kinder – gedanklich pilcherte ich mich schnurstracks in eine dieser Sonntagabend-TV-Schmonzetten. Ein glitzernder, flirrender, in Glückszuckerwatte gebetteter Traum – zu süß, um wahr zu sein ...

Die Realität hat mich am Hamburger Flughafen eingeholt, wo ich den Anruf einer Frau auf meinem Handy entgegennahm, die sich als Nils' Ehefrau ausgab. Mir stieg das Blut in den Kopf, mein Gesicht wurde warm, wärmer – lockenstabheiß. *Wer ist da, bitte?* Wollte mich hier jemand verarschen? War das der Telefonscherz eines Radiosenders oder irgendeine durchgeknallte Bekannte, die mich auf den Arm nehmen wollte? Doch die Frau blieb hartnäckig: Sie habe die Fotos von Nils und mir in der Zeitung gesehen; dann habe sie meine Nummer herausgefunden. Und um hier mal Klarheit zu schaffen: Nils sei ein verheirateter Familienvater mit zwei Kindern! Verdammt, konnte das wirklich wahr sein? Hatte der liebe Gott eigentlich grundsätzlich Migräne, wenn es um mein Glück ging? Als ich Nils später am Tag endlich ans Telefon bekam, hat er alles geleugnet. Er kenne diese Frau nicht, er sei nicht verheiratet und habe auch keine Kinder. Er sprach ganz ruhig und klang so souverän, dass er es tatsächlich schaffte, meine Zweifel weitestgehend zu zerstreuen. »Bitte vertrau mir«, flehte er am Ende des Telefonats. »Lass nicht zu, dass irgendjemand unser Glück zerstört.« Heute klingt es absurd, doch damals habe ich ihm geglaubt, weil ich ihm glauben wollte, weil ich meinen Zuckerwattetraum nicht aufgeben wollte und weil Rosamunde-Pilcher-Filme nun mal nicht so endeten.

In den nächsten Wochen hat sich unsere Beziehung dann spürbar verändert. Nils kam immer seltener nach Berlin, war oft tagelang nicht zu erreichen. Und wenn ich ihn dann doch einmal zu Gesicht bekam, wirkte er fahrig und nervös, manchmal sogar richtig gehetzt. Eine 25 000-Euro-Rolex-Uhr, die Nils eigentlich für mich gekauft hatte, wollte er mir plötzlich nicht mehr schenken – vermutlich hat seine Frau den noblen Handwecker irgendwann einmal unterm Weihnachtsbaum gefunden ... Auch ein tolles Dirndl für 5000 Euro – Nils und ich hatten eigentlich geplant, gemeinsam das erste Mal aufs Münchner Oktoberfest zu gehen – habe ich nie wieder gesehen. Mein Traumprinz machte zu, verschloss Herz und Geldbörse. Was dahintersteckte, habe ich schließlich nur zufällig herausgefunden: Nils hatte eines Tages sein iPhone an meinem Rechner aufgeladen – und es aus Versehen synchronisiert. Jetzt hatte ich sein komplettes Telefonverzeichnis auf dem Computer. Und was ich dort entdeckte, war schockierend: Ich fand die Nummer seiner Ehefrau, es war dieselbe, unter der sie mich angerufen hatte. Was für ein Doppelleben, verpackt in eine Handvoll Bits und Bytes. Niemals in meinem an Tiefpunkten wahrlich nicht armen Leben habe ich mich gedemütigter gefühlt als in diesem Augenblick. Ich liebte diesen Mann – und was tat er? Er log. Er betrog. Er leugnete. Oder vielleicht doch nicht? Gefangen im Treibsand versinkender Hoffnung, klammerte ich mich an jeden Strohhalm: Vielleicht wollte Nils ja wirklich raus aus seinem Leben, vielleicht war ich sein Sprungbrett, um sich eine neue, aufregende Zukunft aufzubauen, und er hätte nur noch ein bisschen mehr Zeit gebraucht ... *»Jaaaa, ganz genau, mein Schatz«*, höhnte das Gollum-Mädchen, *»und die Erde ist in Wahrheit eine Scheibe!«* Doch mein krankes Köpfchen ließ nicht locker und kurbelte weiter. Vielleicht war ICH ja schuld an diesem Liebesdesaster. Hatte ich Nils vielleicht mit irgendetwas unter Druck gesetzt? Dann fiel mir Heidi Klums Vorwurf während der *Germany's next Topmodel*-Zeit ein: War ich zu sexy oder sexuell zu anspruchsvoll gewesen? Hatte ich Nils im Bett überfordert? Das Gollum-Mädchen, mittlerweile völlig entnervt, zeigte mir den Vogel: *»Du spinnst doch, hör auf mit diesem Quatsch!«* Doch vielleicht hatte ich mit dieser Theorie ja ins Schwarze getroffen. Immerhin sind Männer es gewohnt zu kontrollieren und zu steuern, das kann frau in einschlägigen Magazinen überall nachlesen.

Sind wir Frauen zu aktiv – gerade was die Paarungsbereitschaft betrifft –, geht den Herren der Schöpfung angeblich schnell der Allerwerteste auf Grundeis und sie geben Fersengeld. Der Grund dafür, so heißt es, sei simpel: Sexuell zu aktive Weibchen kommen als künftige Muttertiere einfach nicht infrage; sie signalisieren keine Beständigkeit, keine Verlässlichkeit. Da werden bei Männern schnell Urängste wach und die genetischen Alarmglocken klingeln.

Ich habe wirklich sehr viel nachgedacht über Nils und mich. Und viel über uns gesprochen. Mit einer Freundin, mit Mama, mit Oma. Viele verschiedene Meinungen und noch mehr Ratschläge. Doch nach ein paar Tagen emotionalen Sezierens habe ich meine inquisitorische Selbstkasteiung abgelegt – und mein Büßermäntelchen gleich mit. Die nackte Wahrheit, die sich darunter verbarg, war so simpel wie ernüchternd – eigentlich hätte ich auch schon früher darauf kommen müssen: Nils hatte sich ein gewaltiges Lügenkonstrukt aufgebaut und einfach alles und jeden verleugnet: seine Familie, mich – und wer weiß wie viele andere Geliebte noch. Der Anruf seiner Frau und schließlich sein schleichend-verschlagener Rückzug – welche Beweise brauchte ich denn noch? Nils war schlicht und ergreifend ein Lügner, der verdammt tief in die Münchhausen-Kiste gegriffen hatte. Er war nicht anders als unzählige andere Männer in meinem Leben: Sie alle hatten mich benutzt. Nicht andersherum, wie es – mit Ausnahme von Nils – eigentlich geplant gewesen war. Ich war das naive, dumme Opfer – nicht die raffinierte Verführerin. Es war immer wieder dasselbe, wie ein System: Eine nette, unkomplizierte Affäre ohne weitere Verbindlichkeiten, das war für Männer in Ordnung. Aber eine richtige Beziehung mit mir, die wollten sie nicht, da zogen sie schnell den vorher noch höchst kontaktfreudigen Schwanz ein. »*Vielleicht, mein Schatz, solltest du jetzt ...*« »Halt die Klappe«, würgte ich das Gollum-Mädchen ab. Ich war frustriert und gereizt nach dieser schmerzvollen Erkenntnis und wollte ihren Rat jetzt absolut nicht hören. Ich wusste selbst, was ich brauchte: Rache! Ich wollte einfach nur Rache.

Keine Gefühle mehr, schwor ich mir, *kein Geben – nur noch Nehmen.* Und so kochte ich mir ein Rache-Süppchen zusammen, das es in sich hatte. Geeignete Zutaten gab es an fast jeder Straßenecke. Da war zuerst der diätgeplagte Chef eines Frankfurter Autohauses, in dessen Kleiderschrank es, wie er mir bei unserem ersten Treffen erzählt hatte, drei verschiedene Sakkogrößen gebe: »normal, dick und unerträglich«. Als ich unser Techtelmechtel nach drei Tagen und zwei Nächten beendete, trug er die Kategorie »unerträglich« – und das in Senfgelb. Dann folgten: ein russischer Programmierer, Michail irgendwie; ein Nachwuchsregisseur mit exzessiver Liebe zu Kaschmirmänteln; und schließlich ein verdammt gut aussehendes amerikanisches Model, bei dem es wirklich kaum vorstellbar erschien, dass auch seine Vorfahren einmal als haarige Bücklinge die Evolutionsleiter aus dem Neandertal hochgekrabbelt sein sollen. Meine Erfolgsquote zu dieser Zeit war wirklich beeindruckend. Wenn ich mir einen Mann nahm, nur um ihn anschließend in die Wüste schicken zu können, pulsierte Macht in meinen Adern. Ein berauschendes Gefühl – *Ha, siehst du, Nils-Silvio-Peter, ich kann das auch!* –, das mich jedoch innerlich aushöhlte, mich kälter werden ließ, schleichend und zu diesem Zeitpunkt noch unbemerkt von meinen inneren Sensoren. Also jagte ich weiter. Es waren keine einzelnen Kompensationsficks mehr, das war ein Feldzug. Und wirklich schwer machen es Männer den Frauen dabei ja auch nicht. Viele von ihnen sind verdammt einfach gestrickt. Die Zusammenhänge zwischen dem, was sie sehen, und den Gefühlen, die diese visuellen Reize auslösen, sind erschreckend simpel: Da führt dann ein »*Was für sensationelle Brüste*« automatisch zu »*O Gott, noch nie war ich so verliebt in eine Frau, für die tue ich alles!*«. Oder so etwas: »*Diese wundervollen Augen – diese Frau versteht mich wirklich!*« Und natürlich: »*Was für Kurven – das wird die Mutter meiner Kinder!*« Männer können eine Frau irgendwo auf der Straße sehen und sich vom Fleck weg unsterblich in sie verlieben, ohne auch nur ein Wort mit ihr gewechselt zu haben. Männer sind extrem anfällig für weibliche Vorzüge – und wie man die optimal einsetzt, hatte ich mittlerweile gelernt. Als ich Bo, den Sportler, das erste Mal gesehen und bezirzt hatte, war ich in Sachen »Männer zu Marionetten machen« noch eine blutige Anfängerin. Mittlerweile zog ich die Fäden wie ein Profi. *Bleib stehen, komm her, geh weg* – ich hätte die komplette Augsburger Puppenkiste spielen können. Allein!

Als ich schließlich den jetzigen Ehemann einer wirklich tollen deutschen Popsängerin erobert hatte und sich mein Rachedurst etwas weniger präsent durch meine Gedanken schlängelte, stieß ich eines Abends vor dem Fernseher zufällig auf ein weiteres Opfer: Ein Star-Koch, der sich gerade getrennt hatte. Allein sein Name hatte für mich etwas leidenschaftlich Sehnsuchtsvolles. Dazu das grau melierte Haar, die männlichen Gesichtszüge, ein bisschen sah er aus wie George Clooney. Ihn wollte ich noch erlegen, den Krieger mit dem klingenden Namen; er sollte mein Meisterstück sein, das Sahnehäubchen auf dem Rachesüppchen … Es ging einfacher, als ich dachte – Facebook sei Dank. Dort habe ich ihn nämlich angeschrieben. Und es hat nicht einmal zwei Stunden gedauert, da hat er mir geantwortet. Samt Handynummer und Einladung nach Ibiza, wo er sein Restaurant betreibt. Wie der Zufall es so wollte, war ich ein paar Tage später für den Dreh eines Werbespots auf der Insel – eine Chance, die ich unbedingt nutzen wollte.

Septemberluft. Tief durchatmen. Ibiza himmelblau und sonnengebadet. Ich musste einfach mal raus, und der Tapetenwechsel tat mir gut. Er hatte mich gleich am ersten Drehtag vom Set abgeholt. Dann sind wir in sein Lokal gefahren. Es hatte an diesem Tag geschlossen, also saßen wir ganz allein auf der Terrasse. Ein sanfter Spätsommerwind strich durch die Olivenbäume und ließ sie leise rascheln. Er erzählte von sich, von seinem Leben und »seiner Insel«, die für ihn weit mehr war als nur ein Zuhause. Das schwindende Licht sprenkelte seine Augen mit Lebenslust, und ich versuchte das Kribbeln in meinem Bauch zu unterdrücken. Schließlich stand er auf und zündete Kerzen an, die er vorher überall verteilt hatte – die ganze Terrasse glich einem sanft flackernden Lichtermeer. Dann verschwand er, um etwas für uns zu kochen, und ließ mich allein mit meinen Gedanken. Die Geräusche des Abends verklangen, wie hinweggewischt von der Hand eines unsichtbaren Toningenieurs, der den Lautstärkeregler zuzieht. Zurück blieben erste Anzeichen meines aufkeimenden schlechten Gewissens: Wollte ich diesen Mann wirklich benutzen? Sollte ich ihn verführen und dann ablegen? Diesen Mann, der so positiv war, so bemüht und unvoreingenommen offen? »*JA!*«, sagte das Gollum-Mädchen. »*NEIN!*«, sagte ich mir selbst. Für den Augenblick ein moralisches Patt.

Ein wunderbar zubereiteter Fisch und ein kühles Glas Weißwein rissen mich aus meinen Gedanken – und die sanfte Berührung seiner Hand an meiner Schulter zerstreute meine Bedenken fast vollständig.

Nach dem Essen gingen wir runter zum Strand. Die Luft war noch immer warm, dazu das Plätschern der Wellen und wolkengedämpftes Mondlicht, das den Puderzuckersand unter unseren Füßen in ein tiefes Grau tauchte. Kitschiger ging's nicht – schöner aber auch nicht! Ich war beschwingt, vielleicht ein bisschen beschwipst, und je länger wir in dieser Groschenroman-Kulisse entlangschlenderten, desto anlehnungsbedürftiger wurde ich … Er kannte ein einsames, verstecktes Fleckchen, und – was soll ich sagen, der Wein, das romantische Abendessen, sein herbes Parfum – irgendetwas hat mich bewogen, ihn zu küssen. Sanfte Lippen, seine Hände auf meinem Po, auf meinen Brüsten, so sanken wir in den warmen Sand. Wir liebten uns, es war kurz und leidenschaftlich und wunderschön, und ich hoffe, die dabei unabsichtlich zerstörte Sandburg hat man uns verziehen … Mit ihm genoss ich den einzigen schönen Sex on the Beach, der nicht in einem Cocktailglas serviert wurde. Ich bin ohnehin nicht der Typ, der auf Outdoor-Sex steht, ganz und gar nicht: Im Wald gibt es Mücken, in der Wiese irgendwelche Krabbeltiere und in Flugzeugtoiletten die Gefahr unliebsamer Überraschungen. Außerdem wird der Höhenrausch in der Minikabine richtig teuer, wenn man erwischt wird; von dem Spießrutenlauf, der beginnt, wenn einen die Stewardess dort mit knallroter Birne rauszieht, wollen wir mal gar nicht sprechen. Nein, da bin ich zu ängstlich. Und zu bequem. Wenn ich ehrlich bin, habe ich Sex am liebsten im Bett. Natürlich gibt es hin und wieder Momente, da überkommt es mich, und es ist weit und breit kein Bett in der Nähe. In der Villa von Disco-Queen Loona hatte ich einmal Sex in der Toilette; und ein anderes Mal auf einem groben Holztisch in einem Restaurant – wobei ich mir einen wirklich schmerzhaften Spreißel in den Hintern gezogen habe. Von meinem ersten Mal auf dem Rücksitz eines Autos habe ich ja bereits erzählt. Das war's allerdings auch schon mit meinen Erfahrungen beim Wonne-Poppen in der freien Wildbahn.

Mein Po ist in der Nacht mit dem Star-Koch heil geblieben. Okay, das bisschen Sand habe ich tapfer weggelächelt und später im Hotelzimmer brausend entsorgt. Allerdings war mein für den Rachefeldzug extra noch einmal aufgerüsteter emotionaler Schutzschild doch ein wenig löchrig geworden. Als ich ein paar Tage später wieder nach Hause flog, hatte ich jede Menge Zweifel. Das mit ihm hätte eine ernste Sache werden können, doch so weit durfte ich es eigentlich nicht kommen lassen – aus mehreren Gründen. Ich wollte ihn nicht verletzen, denn ich mochte ihn; und ich spürte, dass dieser Mann gefährlich für mich werden konnte: Ich hätte mich in ihn verlieben können, er hätte mich verlassen können – und schon hätte ich im nächsten Schlamassel gesteckt. All das durfte nicht geschehen. Nach ein paar Tagen in Berlin habe ich ihm dann schweren Herzens Lebewohl gesagt, ganz kurz davor, auf einer großen Melancholiewelle ins nächste Tal der Tränen zu rauschen. Doch es musste sein, das Risiko, wieder auf die Nase zu fallen, war einfach zu groß. Außerdem hatte ich ja Pläne, meine Karriere weiter voranzutreiben.

Hollywood Affairs

Diese Pläne führten mich 2013 nach Amerika. Ich hatte über Marcus Prinz von Anhalt eine Einladung für die Party von Elton John ergattert, die er jedes Jahr während der Oscar-Verleihung gibt. Entgegen meiner sonst exzessiv ausgelebten Stoffarmut hatte ich mich für diesen Abend wirklich elegant zurechtgemacht: Ich trug ein langes, schwarz-grünes Abendkleid des Berliner Designers Daniel Rodan, lange Handschuhe, dazu eine klassische Hochsteckfrisur. Ein letzter Blick in den Spiegel, »*wirklich sehr hübsch*«, fand auch das Gollum-Mädchen. Ich muss schon sagen, als ich mich kurz darauf vor dem Pacific Design Center in Hollywood aus der weißen Stretch-Limousine schälte, war ich richtig stolz. Gleich würde ich eintauchen in die Welt der ganz Großen. Champagnerperlende Star-Parade, Schaulaufen in der Langusten-Liga. Beim Näschen-Pudern stand It-Girl Kim Kardashian neben mir; auf dem Weg zu meinem Tisch kamen Jim Carrey und *Vampire Diaries*-Schnuckel Ian Somerhalder an mir vorbei. Ich lernte an diesem Abend wirklich wundervolle

Menschen kennen: U2-Frontmann Bono, Michael Bublé und Aerosmith-Sänger Steven Tyler – da war so viel Prominenz, gepaart mit einer Herzlichkeit, die ich niemals erwartet hätte.

Als gerade ein Foto von Katja Richie und mir geschossen wurde – unglaublich, sie war freizügiger angezogen als ich! –, tippte mir plötzlich jemand auf die Schulter. Hinter mir stand ein braun gebrannter Malibu-Ken, dessen glänzendes Gesicht ich problemlos als Spiegel hätte nutzen können, um mir den Lidstrich nachzuziehen. Ob ich Lust hätte, seinen Freund kennenzulernen, fragte er und deutete auf einen Tisch links von mir. Ich folgte seinem Finger. Also, da saßen: eine Blondine mit üppigem Vorbau, daneben ihre Freundin, deren schweres Swarovski-Kreuz gerade fröhlich in das Hummercreme-Süppchen eintauchte und anschließend ein todschickes Muster auf ihrem Abendkleid hinterließ; dann kam ein Pärchen, das sich scheinbar schon seit Jahren nichts mehr zu sagen hatte; und dann – *o Gott, ist er das wirklich?* – saß da der fleischgewordene Traum aller Frauen, die mit der aalglatten Schönheit eines Brad Pitt nichts anfangen können: ein wirklich bekannter Schauspieler, smartes Knautschgesicht, Actionheld, ich nenne ihn hier einmal Jack.

Dieser Jack wollte mir also einmal Hello sagen – nun, nichts lieber als das! Ich ließ mich von Malibu-Ken, der sich später als Jacks Manager vorstellte, an den Tisch führen und schüttelte die warme, kräftige Pranke des Schauspielers. Der Mann hatte einen Händedruck, der aus einem Stück Kohle locker einen Diamanten pressen konnte. Wir unterhielten uns ein bisschen – jedenfalls so gut das mit meinen rudimentären Englisch-Kenntnissen möglich war –, dann lud Jack mich schließlich zu einer kleinen Privatparty ein, die er später auf seinem Hotelzimmer geben würde. Eine Party mit nur zwei Gästen ... Ich zögerte. Denn es war klar, worauf das hier hinauslaufen würde: Jack wollte mit mir ins Bett – und das vermutlich nicht, weil er sich unsterblich in mich verknallt hatte. »*Du gehst da hin!*«, forderte das Gollum-Mädchen. Ich war unsicher, sollte ich wirklich? Jack sah gut aus, er war ein Charmebolzen, und ich fand seine sonore Stimme ziemlich sexy. Außerdem war er ein Hollywoodstar ... »*Jetzt hör auf zu grübeln!*« Das Gollum-Mädchen blieb hartnäckig. »*So eine Gelegenheit kommt so schnell nicht wieder. Du bist Mica aus Berlin-Hellersdorf. Und das hier ist Jack mit dem Stern auf dem Walk of Fame. Noch Fragen, mein Schatz ...? Nein ...? Dann genieß das kleine Abenteuer!*« Also sagte ich zu, und als sich die Party von Elton John langsam ihrem Ende entgegenneigte, ließ mich Jacks Manager wissen, dass es jetzt Zeit sei aufzubrechen. Wir fuhren mit dem Taxi in ein nahe gelegenes Luxushotel, Jack lebt nämlich eigentlich in New York. Mit einem gläsernen Lift ging es ins oberste Stockwerk, direkt in eine gewaltige Suite, wo er mich schon mit einem eisgekühlten Wodka erwartete. Nach einer halben Stunde hatten wir die halbe Flasche geleert, und ich war vollkommen aufgedreht. Da stand ich also in der Höhle des Löwen – und dieser Löwe hatte sich unter all den Schönen gerade mich als Mitternachtssnack ausgewählt. Ich musste plötzlich an all die grausamen Bling-Bling-Schmetterlingsmädchen aus meiner Klasse denken, die mich während unserer Schulzeit so konsequent ignoriert und ausgegrenzt hatten. Was sie wohl in diesem Augenblick machten? Heulten sie sich in den Schlaf, weil es mit der x-ten Bewerbung zur Wurstwaren-Fachverkäuferin wieder nicht geklappt hatte? Versank ihr Leben in Langeweile und Bedeutungslosigkeit, die ein Fläschchen Rotkäppchensekt am Samstagabend halbwegs erträglich machen musste? Wenn sie mich doch jetzt nur sehen könnten! Noch einmal glühte tiefste Befriedigung in mir auf, dann nahm mich Jack in seine kräftigen Arme und bugsierte mich langsam durch eine Schiebetür in ein mahagonigetäfeltes Schlafzimmer. Er müsse noch kurz ins Bad, sagte er, ich solle es mir in der Zwischenzeit schon mal bequem machen.

Da es bei Jack ein bisschen länger zu dauern schien – was trieb der Kerl da eigentlich im Badezimmer? –, beschloss ich nach ein paar Minuten, schon ein bisschen in Vorleistung zu gehen. Ich legte mich also bis auf die Unterwäsche entkleidet auf das riesige Bett. Hier auf einen fremden Mann zu warten, den ich vermutlich nie wieder sehen würde, das hatte etwas ziemlich Reizvolles. Ich drapierte meinen Körper in verschiedene Positionen und überlegte, welche Jack wohl am erotischsten finden würde: komplett zugedeckt, halb unter der Decke, ein Bein freigelegt, auf dem Rücken liegend oder auf dem Bauch … Während ich noch darüber nachdachte, kam Jack endlich zurück, nur mit einem um die Hüfte geschlungenen Handtuch bekleidet, das er auf den Boden gleiten ließ, als er zu mir ins Bett stieg. Jack küsste mich, strich mit seiner Zunge über meinen Hals, über mein Schlüsselbein und die Brustwarzen, die sich erwartungsfroh aufrichteten. Er saugte an den Nippeln, es fühlte sich an wie Wellen, die sich über meinen ganzen Körper ausbreiteten. Springflut, ein sich aufbäumender Tsunami der Lust – ich wollte Jack, wollte ihn jetzt sofort. Ich glühte, zog ihn auf mich; er drang in mich ein, und ich fühlte, spürte – nichts! Hatte dieser harte Hollywood-Hund wirklich eine Erektion? War er wirklich in mir? Musste wohl so sein, denn Jack bewegte sich mit genussvoll-rhythmischen Bewegungen. Er wollte mich dann von hinten nehmen, und beim Stellungswechsel bemerkte ich schließlich, warum ich nichts gespürt hatte: Jack hat wirklich den kleinsten Penis, den ich jemals in meinem Leben gesehen habe, dünn wie ein Florett und kurz wie ein Streichholz. Okay, wie eines dieser längeren Streichhölzer zum Kaminanzünden. »*Eine Bifi-Hülle wäre als Kondom vollkommen ausreichend gewesen*«, lästerte das Gollum-Mädchen, und ich musste mir kurz ein Lachen verkneifen. Gott sei Dank hat Jack das nicht bemerkt, er kniete ja hinter mir und gab sich wirklich alle Mühe, meinem abgeflauten Sturm der Liebe wieder ein bisschen Leben einzuhauchen. Leider vergeblich, erogene Zonen sind nun mal keine Lustschalter, die man so einfach an- und ausknipsen kann. Und einmal abgesehen davon, dass ich diese verflixten Bifi-Hüllen-Bilder nicht mehr aus dem Kopf bekam: Die Reibungsverluste, die Jacks Bonsai-Pimmel mit sich brachten, waren wirklich eklatant, ich muss das einfach so sagen. Das war kein Mica-spezifisches Orgasmusproblem, das hätte jede Frau so gesehen. Mit diesem Miniteil zum Höhepunkt zu kommen, das war in etwa so mühsam, wie sich mit einem stumpfen Käsehobel die Pulsadern aufzuschneiden. Also jetzt mal im Ernst: Grundsätzlich ist die Größe eines Schwanzes nicht das entscheidende Kriterium – dazu habe ich mich ja schon geäußert –, aber alles hat seine Grenzen. Zumindest, wenn man den so unzureichend ausgestatteten Mann nicht liebt. Ich spreche ja nicht von 25 zuckenden Zentimetern, von gigantischen Fleischpeitschen, die in manchen Pornos noch immer als das happy machende Maß aller Dinge ins rechte Licht gerückt werden. So etwas ist mir auch unheimlich, und weh tun solche Dinger bestimmt auch noch. Aber, wie gesagt, ein bisschen etwas spüren möchte ich dann doch. Wie dem auch sei, kommen wir zurück zu Jack. Denn die Geschichte mit ihm war ja noch nicht zu Ende. Der Knaller – im wahrsten Sinne des Wortes – sollte ja noch folgen ...

Kurz bevor er seinen Orgasmus hatte, es müssen wirklich nur ein paar Sekunden davor gewesen sein, hat Jack nämlich gefurzt, er hat allen Ernstes einen fahren lassen – das muss man sich mal vorstellen! Ein Furz – das Tschernobyl unter den Sex-Sounds; der absolute Libido-Supergau. Die Luft war endgültig raus, die Stimmung vom Winde verweht, und das Gollum-Mädchen lief zu sarkastischer Höchstform auf: »*O ja, mein Schatz, ein Ministöpsel – aber maximale Geräuschkulisse. Wirklich toll, was du dir da ausgesucht hast.*« Dass sie es gewesen war, die mich animiert hatte, Jacks Einladung anzunehmen, verschwieg sie natürlich. Trotzdem hatte sie recht: Pupsen und Pimpern, das geht echt gar nicht zusammen. Was Jack betraf, hatte ich diese Meinung allerdings exklusiv – denn ihm schien das Ganze nicht im Geringsten peinlich zu sein. Ganz im Gegenteil. Nachdem er seinen Minimann rausgezogen hatte, grinste er mich nur frech an und zündete sich eine Zigarette an. »Wow, really nice«, sagte er, »but now I am fucking tired …« Was vermutlich so viel hieß wie: Danke für den Abend, du weißt ja, wo die Tür ist. Allzu schwer ist mir der Abschied nicht gefallen. Mit seinem Furzen war Jack so brachial in meine Wohlfühlzone gerummst wie die Titanic in den Eisberg. Und wie das ausgegangen ist – Leo hin, Kate her –, das wissen wir alle: Schiffbruch, ein letztes Goodbye mit erkalteten Lippen, nur der wundervolle bläuliche Diamant, der hat bei mir irgendwie gefehlt.

Im Taxi konnte ich dann schon wieder schmunzeln. Der Flirt, der Fick und schließlich die finalen Flatulenzen – selbst ohne Beteiligung eines waschechten Hollywoodstars wäre dies ein außergewöhnlicher Abend gewesen. Während ich über leere Straßen von West Hollywood zurück nach Downtown geschaukelt wurde, blätterte ich in Gedanken durch die nicht ganz so guten Erinnerungen in meinen Sex Files: Da gab es die eine oder andere Knoblauchfahne, da gab es Tennissocken oder eine Schambehaarung, für deren Entfernung man mindestens eine Heckenschere aus dem Baumarkt benötigt hätte. Ja, meine Libido hatte schon so manchen Dämpfer bekommen – aber so etwas wie bei Jack, nein, das hatte ich vorher noch nicht erlebt. Und deswegen steigt der windige Jack – *Applaus, Applaus!* – auch als New Entry in meine Top-Ten-Liste der Lustkiller auf.

Micas Top 10 der Lustkiller

1. Hans Junior zeigt's dir jetzt!
Na, wie klingt das? Beknackt, richtig! Schwänze bekommen keine Namen, sie leben anonym. Und sie werden auch nicht verniedlicht – ein Schwanz ist kein Schwänzchen, ein Ding kein Dingelchen. Kosenamen stehen grundsätzlich auf der Lustdämpferliste. »Hasipupsi, du, das fühlt sich supidupi an!« Wer will denn so etwas im Bett hören? Das gilt übrigens auch für Negativkommentare über den weiblichen Körper (»Schatz, warum sind eigentlich deine inneren Schamlippen größer als die äußeren? Das sieht merkwürdig aus ...«), Vergleiche mit der Ex-Partnerin (»Also, die Tina ist immer ganz geil geworden, wenn ich sie da angefasst habe!«) sowie die zweitdümmste Frage aller Zeiten (»Und, war es schön für dich?). Über die dümmste (»Und, kommst du jetzt?«) hatten wir ja bereits gesprochen.

2. Die falsche Bettwäsche
Um da keine Missverständnisse aufkommen zu lassen: Ich spreche da jetzt nicht einmal von Kopfkissen und Bettdecke aus der Fan-Kollektion des heißgeliebten heimatlichen Fußballclubs. Nein, ich meine Netzhautquäler wie löchrige Schlabber-Shorts, Tiger-Tangas oder immer wieder gern gezeigte fleischfarbene Feinrippschlübber. Jungs, wenn ihr euch in solchen Momenten

nur ein einziges Mal mit unseren Augen sehen
könntet, würdet ihr verstehen, warum wir uns
zum nächsten Geburtstag 5 Dioptrien mehr wünschen! Oder eben ein Umdenken bei der Auswahl
eurer Bettwäsche.

3. Und ich muss draußen bleiben ...
Tierische Zuschauer stören – also raus aus dem
Schlafzimmer mit allem, was zwitschert, miaut
oder bellt. Wenn Bello Brünftig neben dem Bett
winselnd den Kopf schief legt, weil Herrchen und
Frauchen sich extrem verausgaben – und das in
einer Stellung, die in seinem Köpfchen vielleicht
ganz bestimmte Assoziationen auslösen –, geht die
Erotik ganz schnell flöten. Neben Fellnasen-Voy-
euren gilt das natürlich auch für spannfreudige
Zweibeiner, die man nicht selbst zu der kleinen
Session eingeladen hat.

4. Vorsicht, Stinkstiefel!
Schweiß, Mundgeruch oder welcher Mief auch immer aus irgendwelchen Körperöffnungen dampft –
gell, Jack! –, all das hat beim Austausch von Körperflüssigkeiten nichts verloren. Es kommt ja nicht
von ungefähr, wenn Frauen sagen: Den Typen
kann ich nicht riechen! Gerüche sind ungeheuer
wichtig. Und bei Frauen ist der Geruchssinn aus-
geprägter als bei Männern. Diese fünf Quadratzen-
timeter in der Nasenhöhle, bestückt mit 30 Millionen Zellen, entscheiden: Männer, die weibliche

Duftrezeptoren zum Schwingen bringen, lösen Paarungsbereitschaft aus; Männer, die müffeln, lösen dagegen nur eines aus: angeborenes Fluchtverhalten! Gleiches gilt übrigens auch für folgende Dinge, die selbst dann Knigge-Killer sind, wenn sie nicht im Bett stattfinden: Es wird nicht geniest oder gehustet, ohne sich die Hand vorzuhalten; und es wird schon gar nicht in der Nase gepopelt – was ich übrigens wirklich auch schon erlebt habe. Während ich auf ihm saß – Yippie-Ya-Yeah, Cowgirl! –, steckte er sich plötzlich den Finger in die Nase. »Wart mal Schatz, ich hab da was …« Ich hatte dann auch etwas – nämlich plötzlich keine Lust mehr.

5. Der wild wuchernde Wahnsinn, oder: Willkommen auf der Bundesgartenschau

Männer können noch so gut aussehen: Wenn Frau sie auspackt und plötzlich Mister Zottel aus Neandertal neben ihr im Bett liegt, hört der Spaß schnell auf. Ob verschwitzter Unterarmflokati, üppiger XXL-Busch, der bei der letzten Bundesgartenschau definitiv prämiert worden wäre, oder ein Rückenfell aus der Kollektion »King Kong returns« – bei derartiger Behaarungsintensität dürfte jede Frau so trocken bleiben wie Knäckebrot. Ich mag Männer, die ihr Gestrüpp in Form gebracht oder es gleich ganz entfernt haben. Mit Rasierer, Wachs, Epilierer oder, wenn's sein muss, Rasenmäher – Hauptsache, dem Wildwuchs wird Einhalt geboten. Das bringt übrigens auch optisch Vorteile. Schließlich ist nicht jeder Mann von Natur aus gut bestückt. Ist aber die relevante Region ordentlich zurechtgestutzt, sieht das gute Stück gleich bedeutend imposanter aus. Noch ein kleiner Hinweis am Rande: Das notwendige Rodungsprogramm erstreckt sich bitte auch auf den Bereich des Bauchnabels, in dem sich regelmäßig diese kleinen putzigen Wollmäuse einnisten. Die Dinger entstehen, weil Kleidungsfasern, die sich bei Bewegung durch Reibung von der Kleidung lösen, an den Körperhaaren entlang in den Nabel wandern. Dort schließen sie sich zu Fusseln zusammen. Alf, der knuddelige Außerirdische, mag das toll finden – auf seinem Heimatplaneten Melmac wird die Hochzeit ja durch den Austausch von Bauchfusseln vollzogen –, doch für uns Erdenbewohner sind sie ein absolutes No-Go.

6. Kein Komasaufen!
Alkohol in Maßen macht locker, ein kleiner Schwips kann manchmal sogar sexy sein. Doch einen lallenden Typen mit fieser Alkfahne und potenzieller Erektionsschwäche habe ich noch nie ein zweites Mal in mein Bett gelassen.

7. King of Kalauer
Humor ist wundervoll und wichtig, aber es gibt eindeutig bessere Zeitpunkte für Blasenschwäche-Brüller und Koitus-Kalauer als den erotischen Aufgalopp einer unvergesslichen Nacht.

8. Ui, noch 'ne Öffnung und noch eine …

Wenn ich die Herren beim kollektiv-zustimmenden Kopfnicken einmal ganz kurz unterbrechen darf: Es kann wirklich extrem abturnend sein, wenn Männer, ohne zu fragen, ihr Ding von einer Körperöffnung in die nächste stöpseln. Den Schwanz direkt von der Muschi in ihren Mund zu stecken, geht gar nicht, von vorausgegangenem Analverkehr mal ganz zu schweigen. Also: Multi-Bumsen nur nach vorheriger Rücksprache, bitte!

Am Schluss kommen jetzt noch zwei sehr persönliche Liebeskiller, die andere Frauen wahrscheinlich gar nicht als solche empfinden …

9. Vorspiel-Fetischisten kann ich nicht leiden

Stundenlanges Rumfummeln, so lange, bis man vom penetranten Power-Petting schon ganz wundgelegen ist, das ist nichts für mich. Auch ein Übermaß an Romantik hat für mich beim Sex nichts verloren. Ein kuscheliges Abendessen mit verträumtem Sich-in-die-Augen-Blicken – immer gerne, wunderbar! Federzarter Blümchensex mit geflüsterten Liebesschwüren – bloß nicht! Gerade wenn ich im Bett Stress oder andere negative Gefühle abbauen will, brauche ich Action.

10. Frühes Vögeln killt den Wurm

Ich war schon immer ein Morgenmuffel, da bin ich echt noch knatschig und muss erst einmal in

> Schwung kommen. Wenn dann jemand mit seiner Morgenlatte vor mir herumwedelt – gestatten, Hart-Mann! Eine Runde Frühsport gefällig? –, ist's garantiert schnell vorbei mit dem harmonischen Miteinander.

Die Nacht mit Jack ist mir in den darauffolgenden Wochen nicht aus dem Kopf gegangen. Sie war aufregend und skurril, für einen kurzen Augenblick erregend und schließlich ziemlich abstoßend. Sie war in jedem Fall etwas Besonderes, an das ich mich immer erinnern werde. Allerdings: Je länger ich darüber grübelte, desto kritischer sah ich dieses Erlebnis auch. Es waren zwei Fragen, die ich mir immer wieder stellte. Die erste Frage war: *Was hat es dir gebracht, mit einem bekannten Schauspieler zu schlafen?* Befriedigende, weil in irgendeiner Form gehaltvolle Antworten darauf hätte es theoretisch ja zur Genüge gegeben: Ich hätte zum Beispiel eine tolle Filmrolle ergattern können; ich hätte auch einfach nur unfassbar guten Sex haben können; oder Jack und ich hätten uns – Achtung, Taschentücher raus, Hollywood-Happy-End! – unsterblich ineinander verlieben können. Doch nichts von alledem war geschehen. Und was blieb, war letztendlich die wenig erquickende Erkenntnis, dass auch Götter der Leinwand unter Verdauungsbeschwerden und genitalem Minimalismus leiden – eine Erfahrung, die man machen kann, aber nicht zwangsläufig machen muss.

Die zweite Frage, die ich mir stellte, war noch wichtiger als die erste: *Mica, kann es sein, dass du eine*

Schlampe bist, die mit jedem Promi in die Kiste hüpft, sobald er mit dem Finger schnippt? Dafür musste ich mir etwas länger Zeit lassen; ein bisschen hatte ich Bammel vor der Antwort. Ich habe in dieser Zeit viel hineingehört in mich, habe über mein Sexleben, über meine Werte und Ziele reflektiert – das eine oder andere Mal unterbrochen von Gelegenheiten, die durchaus Stoff für ein neues Kapital meiner Bettgeschichten hergegeben hätten. Einmal war ich zum Beispiel das einzige Mädchen, das es in Stuttgart zu Rapper 50 Cent in den VIP-Bereich hinter der Bühne geschafft hat. Er hatte mich zu sich hereingewinkt, wir haben ein bisschen geflirtet – und dann habe ich die Bremse gezogen und mich nett und charmant aus der vermutlich möglichen Affäre gezogen. Auch das Angebot eines sehr bekannten deutschen Fußballspielers habe ich ausgeschlagen; er hatte mich per SMS ein paarmal zu Dates in die Stadt eingeladen, in der er gerade sein Geld verdient. Wie sehr er sich über meinen Besuch freuen würde, was wir alles zusammen anstellen könnten und wie viel Spaß das alles machen würde. Er hat wirklich alles versucht – jedenfalls im Rahmen seiner Möglichkeiten –, um mit seinen kleinen elektronischen Nachrichten ein lustvoll zartes Pflänzchen zu pflanzen. Doch bevor es Wurzeln schlagen konnte, hab ich es herausgerissen. Nicht, weil er ein unattraktiver Mann gewesen wäre, und auch nicht, weil eine plötzlich mir innewohnende moralische Instanz ihr hochheiliges Veto eingelegt hätte. Es war viel einfacher, viel profaner: Mich auf prominente Männer einzulassen, brachte mich schlicht und ergreifend kein bisschen weiter. Sie konnten oder wollten mich nicht berühmt machen; sie konnten oder wollten keine Beziehung mit mir haben. Mehr noch, meine Strategie führte zwangsläufig zu immer neuen Dramen, die stets nach demselben Muster abliefen: Ich wollte Männer für meine Zwecke einspannen – und wurde ausgenutzt. Oder ich habe mich in meine Opfer verliebt – und wurde fallen gelassen. Im Endeffekt gab es also immer nur eine Verliererin: mich!

Heute sind die meisten Wunden in meinem Herzen verheilt, nur ein paar wenige versteckte Narben gibt es noch. Doch wenn ich zurückdenke an all diese Jahre, dann ist da kaum etwas, das ich wirklich bereue. Jeder Lover, jede Nacht, jedes klitzekleine Kummerfältchen – all das sind untrennbar mit Erfahrungen verbundene Relikte einer wilden, hemmungslosen Zeit. Relikte in der Glasvitrine meiner Erinnerung, die ich mir von Zeit zu Zeit noch immer gerne ansehe. Denn sie alle haben mich geprägt und dazu beigetragen, das aus mir zu machen, was ich heute bin. Auch das Erlebnis mit Jack steht in dieser Vitrine – es hat dort sogar einen Ehrenplatz. Denn was die Nacht mit ihm ausgelöst hatte in mir, das war so etwas wie eine Zäsur; ein dringend notwendiger Anlass, einmal Tabula rasa zu machen und meine sexuellen Höhenflüge und emotionalen Crashs genauer unter die Lupe zu nehmen. Zwei Erkenntnisse habe ich dabei gewonnen:

NEIN – ich fühlte mich weder billig noch beschmutzt, damals nicht und heute auch nicht. Ich fühlte mich – jetzt hatte ich die Antwort, um die ich mich kurz nach der Nacht mit Jack gedrückt hatte – nicht als Schlampe. Ich habe in diesen Jahren viel ausprobiert; manches davon hat funktioniert, vieles ist in die Hose gegangen.

Jedenfalls habe ich so einiges gelernt, am allermeisten über mich selbst.

UND JA – meine Prominenten-Strategie war sicherlich der falsche Weg, um berühmt zu werden; weniger aus moralischen Gründen, sondern eher aus rationalen: Die meisten vermeintlichen Karriere-Booster haben sich im Nachhinein als Blindgänger entpuppt, die mich keinen Millimeter weitergebracht haben. Mein Plan, auf diese Weise mein Ziel zu erreichen, hat nicht funktioniert. Und was nicht funktioniert, wandert in die Tonne. Oder wie es meine Oma – natürlich in ganz anderen Zusammenhängen – immer sagt: »Wenn sich nichts bewegt, musst du dich bewegen.« Ich habe mich also bewegt – und zwar nach vorne, hin zu mir selbst. Enttäuschung, Selbstmitleid und den gekränkten Stolz, ausgenutzt worden zu sein – all das habe ich im Laufe der Zeit entsorgt. Mit Erfolg. Je älter ich wurde, desto mehr habe ich festgestellt, dass ich es auch alleine schaffe, die Karriereleiter hochzuklettern. Mit Fleiß und Disziplin und auch mit ein bisschen Glück – aber eben ohne männliche Hilfestellung. Jeder weitere Schritt war eine Bestätigung, bedeutete einen neuen Schub Ehrgeiz, und mit meinem Selbstbewusstsein wuchs auch mein Stolz. Sich mit dem Karriere-Rechenschieber in der Hand parasitär an Mr. Wichtig ranzuschmeißen, einfach Augen zu und durch für die Very-wichtig-Vita – das würde nie wieder mein Weg sein. Ein strategischer Reset – einer der wichtigsten in meinem bisherigen Leben –, gefolgt von Mica reloaded: Seit ein paar Jahren existieren Sex und Job in meinem Leben vollständig getrennt voneinander. Vermutlich passt Sex ja ohnehin viel besser zu Liebe …

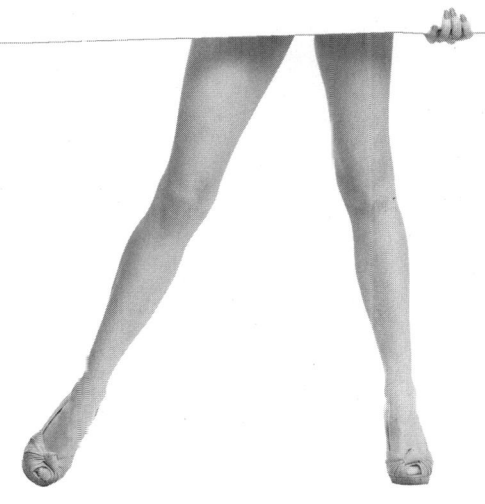

MEINE GRÖSSTEN GEHEIMNISSE

Das verlorene Baby

Seit mittlerweile mehr als zwölf Jahren gibt es jeden Abend um 22 Uhr einen fixen Punkt auf meiner täglichen To-do-Liste: die Pille. Dieses kleine rosafarbene Dingelchen aus der Packung zu drücken und es mit einem Schluck Wasser herunterzuspülen, ist mir im Laufe der Zeit in Fleisch und Blut übergegangen. Ich vergesse es niemals. Doch das war nicht immer so. Mit 19 Jahren war ich schusselig und chaotisch und mein Kopf so porös wie ein zehn Jahre altes Kondom ...

Ich machte gerade eine Ausbildung zur pharmazeutisch-kaufmännischen Angestellten und stand im Lager der *Apotheke am Boulevard* in Berlin, als mich wie aus heiterem Himmel ein seltsames Gefühl beschlich. Irgendetwas stimmte nicht mit meinem Körper, etwas hatte sich verändert, das spürte ich ganz deutlich. »*Denk mal nach*«, flüsterte das Gollum-Mädchen scheinheilig, »*wie war das denn so mit der Verhütung in der letzten Zeit, mein Schatz?*« Na klar, da musste natürlich meine kleine Lästerschwester gleich ihren

Senf dazugeben. *Oder ... war es vielleicht doch möglich, dass ...* Ich ging – nein, ich rannte! – zu dem Regal mit den Schwangerschaftstests. Wie gut, dass ich hier direkt an der Quelle saß. Ich schloss mich auf der Toilette ein, fingerte den kleinen Streifen aus dem Zellophan und überflog die Gebrauchsanweisung. Ein Smiley bedeutete: schwanger; ein Smiley mit nach unten gezogenen Mundwinkeln bedeutete: Alles würde bleiben, wie es war. »*Also los jetzt, Wasser Marsch*«, forderte das Gollum-Mädchen. Dann hieß es warten, warten, warten – bis ein paar Minuten später aus dieser merkwürdigen Vorahnung Gewissheit geworden war: Ein Smiley auf dem Teststreifen grinste mich frech an, ich hatte mich nicht getäuscht – ich erwartete ein Kind!

OH! MEIN! GOTT! Verzweifelter Ratlos-Blick, gefolgt von unkoordiniert einsetzender Gehirn-Akrobatik. *Wer ... Was ... Wie konnte DAS denn passieren?* Alles rotierte. »*Kleines Dummerchen*«, stoppte das Gollum-Mädchen die W-Fragen-Litanei, »*du hast mal wieder vergessen, die Pille zu nehmen. Genau das ist passiert, mein Schatz.*« Hatte die alte Besserwisserin wirklich recht? Eine hieb- und stichfeste Beweiskette begann sich immer fester um meinen Hals zu legen und mir die Luft zum Atmen zu nehmen: Meine Regel war bereits überfällig, ein paarmal war mir ein bisschen übel gewesen, und jetzt auch noch das Ergebnis auf der Pinkel-Pappe, violett auf weiß. Okay, es schien zu stimmen, ich war also schwanger – aber von wem? Ich hetzte gedanklich durch die letzten Wochen, und das zweite Mal innerhalb kürzester Zeit geriet mein Herzschlag kurz ins Stolpern: Ich hatte in dieser Zeit mit zwei Männern geschlafen – also kamen auch zwei Männer als mögliche Väter infrage: Matthias und Robert. Mit dem einen, Matthias, war die Beziehung gerade den Bach runtergegangen; und mit Robert hatte ich nur eine kurze Affäre gehabt. Na, wunderbar, wirklich toll hingekriegt! In meiner kleinen Dideldum(m)-Dideldei-Welt war das Thema Verhütung anscheinend noch nicht in vollem Umfang angekommen ...

Ein Besuch bei meiner Frauenärztin ergab schließlich, dass ich in der 8. Woche war. »Und«, fragte sie mich, »freuen Sie sich?« Dabei leuchteten ihre Augen. Ich zuckte nur mit den Schultern und wusste nicht, was ich sagen sollte. Ein Baby? In meinem Alter? Mir fielen diese jungen Mütter ein, die mir im hippen Stadtteil Berlin-Prenzelberg immer mal wieder über den Weg gelaufen waren; Mütter, für die ihre Rolle ein anscheinend rundum beglückendes Lebensgefühl war; Mütter, die zwischen Windelwechseln und Fläschchenmachen – so konnte man es damals in einem Werbespot bewundern – mal eben ein kleines Familienunternehmen leiten und diese Aufgabe mit Lässigkeit, Stil und Haltung erledigen. Diese offensichtlich immer top gestylten Frauen gingen zum Mutter-Kind-Yoga oder frühkindlichen Französisch-Kurs und ernährten ihre Lauras, Victorias oder Julians ausschließlich mit hochwertigen Bio-Produkten. Und natürlich wurden in ihren Händen Wickeltaschen zu heiß begehrten It-Bags und Kinderwagen zu Statussymbolen. Solange man sich Aprikosenkompott aus ökologischem Anbau und einen 1500 Euro teuren Dreikäsehoch-Transporter leisten kann – und man darüber hinaus den tollsten Partner der Welt hat –, mag die Mutterrolle ein himmelhochjauchzendes Vergnügen sein; doch wenn das Mittagessen aus Pommes Bahnschranke besteht und Klein-Theodor in einem Jutebeutel vor die Brust geschnallt wird, während die alleinerziehende Mami beim Arbeitsamt unangenehme Anträge ausfüllt, sieht die Sache schon anders aus. Und in genau solchen Lebensumständen sah ich mein Kind aufwachsen. Ich hatte keine abgeschlossene Ausbildung, keine eigene Wohnung und kein Geld. Wie und wo sollte ich so einen armen Wurm denn großziehen? Gemeinsam mit Mama in unserer Miniwohnung im sechsten Stock ohne Lift? In meinem Kopf begannen Bilder abzulaufen, die ich eigentlich nur aus Nachmittagssendungen des Privatfernsehens kannte: Ich sah mich den halben Tag im Nachthemd, mit ungepflegten Haaren und einer Spuckflecken-übersäten Stoffwindel über der Schulter; ich sah Schatten um meine Augen, bei denen es sich nicht um verführerische Smokey Eyes handelte, sondern um nicht zu leugnenden Schlafmangel, da Julian-Laura-Victoria natürlich so gut wie nie durchschlief; und ich sah meine Verwandlung in ein geschlechtsneutrales, herdenweise auf Spielplätzen auftretendes Wesen, das sich – *Juliaaan, neiiiin, nicht dem Mädchen mit der Schaufel auf den Kopf hauen!* – statt über Bademodenshootings plötzlich über Breirezepte und die Konsistenz von Babykacke austauschte.

Wollte ich das alles wirklich? Und konnte ich es überhaupt? Was, wenn ich mich als Rabenmutter herausstellen würde; wenn mein Kind zum verhaltensauffälligen Brennpunkt-Rotzlöffel mutieren würde, den Supernanny Katja Saalfrank selbst mit Wuthöhle und stiller Treppe nicht mehr gebändigt kriegt? Ich war hin- und hergerissen; eine Achterbahnfahrt der Gefühle – *Her-*

einspaziert, wer hat noch nicht, wer will noch mal! –, die mich schnell wie ein Teilchenbeschleuniger vom rebellischen Genervtsein zu quälenden Gewissensbissen schoss und dabei immer wieder an der entscheidenden Frage hängen blieb: Wie passte so ein Kind eigentlich zu meinen Plänen, berühmt zu werden und Karriere zu machen? Nach langen Gesprächen mit meiner Mama entschloss ich mich, auch die beiden möglichen Väter um Rat zu fragen. Es hat viel Mut gekostet, Matthias und Robert auf dieses Thema anzusprechen – schließlich würde dabei ja herauskommen, dass ich mit einem schon etwas angefangen hatte, obwohl mit dem anderen noch nicht ganz Schluss war. Ehrlich gesagt, hatte ich mit einem testosterondampfenden Donnerwetter gerechnet, doch Baby-News und Betrugsbeichte schlugen lediglich ein wie ein mittelprächtiges Tischfeuerwerk. Beide Jungs haben ziemlich vernünftig reagiert, sie waren erstaunlich ruhig. Allerdings machten sie auch schnell klar: Keiner wollte zu diesem Zeitpunkt Vater werden; Matthias bastelte an seiner Karriere als Anwalt, und Robert steckte in der Endphase seines Studiums. Also lag die Entscheidung bei mir. Party oder Pampers? Kind oder die Idee einer damals noch sehr fernen Karriere? Zu einer Zeit, in der es eine gewisse Herausforderung für mich darstellte, einen Gedanken unfallfrei geradeaus zu denken, war eine Antwort nicht leicht. Aber eine Entscheidung war notwendig, und schließlich traf ich sie schweren Herzens – gegen das Kind. Ich fand es in meiner Situation einfach unverantwortlich, ein Baby zu haben. Ich bewundere Frauen, die sich in solchen Fällen für ein Kind entscheiden; für die dieses kleine, strampelnde, krähende, sabbernde, brabbelnde Wunder die Erfüllung aller Träume ist – ein Wunder, dem sie ihr ganzes Leben widmen. Doch das war damals nicht mein Weg. Für Kinder ist es wichtig, in welche Welt sie hineingeboren werden. So dachte ich damals, und so denke ich heute. Aber zu dieser Zeit bestand meine Welt aus Chaos und Selbstfindung; aus Kleinmädchen-Träumereien und unerfüllten Hoffnungen. Für ein Baby und seine Bedürfnisse wäre da einfach kein Platz gewesen.

Vor dem Schwangerschaftsabbruch fand das obligatorische Beratungsgespräch statt – leider nicht bei meiner gewohnten Frauenärztin, die sich in einen längeren Urlaub verabschiedet hatte. Ihr Vertreter war ein Mann, steinalt wie eine Riesenschildkröte und vermutlich so weit von der Gefühlswelt einer 19-Jährigen entfernt, dass er Ed Hardy für einen irischen Folk-Musiker hielt. Ob ich mir das auch genau überlegt habe, mahnte er mit oberlehrerhaft erhobenem Finger; und ob mir klar sei, dass auch dies ein von Gott gewolltes Leben sei. Mich machte die gebetsmühlenartig heruntergeleierte Beratungspredigt vom heiligen Herrn Doktor schrecklich wütend – für mich als Atheistin war hier eindeutig zu viel Inquisition im Spiel! Und je tiefer er in meinem Gewissen bohrte, desto wütender wurde ich. Fehlte nur noch, dass der gute Mann mir einen Exorzisten auf den Hals hetzte, um mir meine satanischen Gedanken auszutreiben. Bevor mir also irgendjemand ein Silberkreuz auf die Stirn drücken konnte, verließ ich Praxis. Ich hatte genug von dem Arzt mit den ideologischen Scheuklappen, die so groß waren wie Dumbos Ohren; ich hatte meine Pflicht erfüllt, das Gespräch zu Ende gebracht – und einen Termin für die Abtreibung vereinbart.

Man kann sich jetzt vielleicht wundern, mich sogar als herzlos abstempeln – aber ich habe gut geschlafen in der Nacht davor. Tief und fest und traumlos. Auch der Eingriff an sich war nicht schlimm; er wurde ambulant und von einem anderen, jüngeren Arzt durchgeführt; eine kleine Narkose, keine Schmerzen, danach bin ich sogar arbeiten gegangen. Das Körperliche war ein Klacks, doch in meiner Seele fing es anschließend an zu arbeiten – und wie … Es begann nicht direkt nach dem Eingriff, sondern ein bisschen zeitversetzt und schleichend wie eine Natter, die man erst sieht, wenn sie sich bereits ein paar Zentimeter vom nackten Fuß entfernt entlangschlängelt. Hatte ich doch ein Leben ausgelöscht, war ich vielleicht sogar eine Mörderin? Nein, so weit ging ich natürlich nicht; selbst wenn ich ganz tief in mich hineinhorchte, fühlte ich mich diesbezüglich absolut schuldlos. Aber etwas anderes ließ mich nicht los: Hätte ich nicht doch mit einem Kind glücklich werden können? Wäre ich vielleicht mit der großen Aufgabe sogar gewachsen? Ich fand die Antworten nicht, sosehr ich mich auch bemühte. Was blieb, war die quälende Ungewissheit, ob ich das Richtige getan hatte. Dieses emotionale Vakuum machte mir wirklich zu schaffen und kurbelte ein paar Tage lang meinen Taschentuchverbrauch enorm an. Doch wie heißt es so schön: Mit ein paar Tränen löscht man kein Feuer. Das erledigte dann schließlich der Alltag, der mit seinen Anforderungen alles andere in den Hintergrund rückte. Die Fragen, die Zweifel, die Schuldgefühle – alles an den Rand des Bewusstseins gewischt wie Schneematsch von Scheibenwischern, jeden Tag ein Stückchen mehr.

Heute, mit so vielen Jahren Abstand, sehe ich die meisten Dinge noch wie früher; ich würde dieselben Entscheidungen treffen. Doch seit einiger Zeit kommt es ab und zu vor, dass ich abends zu Hause sitze und mir die Ultraschallbilder meines Babys ansehe, das jetzt zwölf Jahre alt wäre. Das erste *Mama!*, Milchzähne in einem Holzschächtelchen, unzählige auf Schürfwunden geklebte Glücksbärchi-Pflaster, bunte Mützchen, der erste Schultag, die untrüglichen Anzeichen der nahenden Pubertät … Alles ziemlich wehmütige Gedanken und Vorstellungen, die unerbittlich ihren Platz fordern und manchmal auch ein kleines Tränchen als Tribut. Doch mehr und mehr verwandeln diese Augenblicke sich zu etwas Positivem – zu dem Wunsch, doch einmal Kinder zu haben. Ich denke, jetzt wäre ich bereit dazu. Würde ich heute schwanger werden, ich würde das Kind behalten. Ich habe meinen Weg gefunden; ich habe ein eigenes, schönes Zuhause, und ich habe ein Bankkonto, das mir eine gewisse Sicherheit gibt. Ja, ich könnte mir vorstellen, eine Mami zu sein. Vermutlich sogar eine recht gute. Ohnehin habe ich kürzlich irgendwo gelesen, dass Kinder erst mit steigendem Alter der Eltern so richtig glücklich machen. Also dann, mein Alter steigt unaufhörlich – und eine vage Vorfreude auf einen kleinen Wonneproppen ebenfalls.

Ich bin froh, diese Vorfreude empfinden zu können, ich bin froh, überhaupt noch am Leben zu sein – womit wir bei einem weiteren Geheimnis von mir wären …

Einmal Drogenhölle und zurück – gerade noch ...

Freitagnacht im August. Noch immer 20 Grad, die Stadt köchelte erwartungsvoll vor sich hin. Vor ein paar Stunden war ich mit einer Bekannten – Katja, eine Kostümbildnerin – losgezogen, und auf unserem Weg durch einige Berliner Clubs hatten sich weitere Feierwütige angeschlossen. Zu unserer Runde gehörten ein damaliger Fernsehmoderator Sebastian und Christoph, ein bärtiger Graffiti-Sprayer, dessen künstlerische Fähigkeiten allerdings kaum über das »Haus vom Nikolaus« hinauskamen. Dann erinnere ich mich noch an einen schlaksigen Zappel-Spargel – ich glaube, er hieß Jonathan –, ein ewig lachender, pickeliger Kerl mit überdreht guter Laune. Unsere bunt zusammengewürfelte Truppe landete schließlich im Berghain, einem ehemaligen Heizkraftwerk, um das sich Mythen ranken wie dunkelhaarige Frauen aus Osteuropa um Lothar Matthäus. Im Berghain gibt es zunächst einmal das, was jede coole Partynacht ausmacht: 1A-Musik, Tanzen, Trinken, Nebelmaschine, Lightshow, Rumstehen, Rumknutschen. Aber es gibt eben auch noch ein bisschen mehr, gewissermaßen die Kür zum Party-Pflichtprogramm. Da sind Pärchen, die sich in schummrigen Ecken an die Wäsche gehen; da sind Fetisch-Partys, Gerüchte von Orgien mit Hollywoodstars und Darkrooms, in die man sich für schnellen Sex zurückziehen kann. Das Berghain pendelt irgendwo zwischen Technokathedrale, Swingerclub und Drogenhölle; es ist laut und schmutzig und direkt. Niemand fragt hier nach dem Gestern, und nach dem Morgen schon gar nicht. Im

Berghain zählt nur das Jetzt. Und das begann für uns in dieser Nacht, als sich am Himmel bereits die ersten purpurfarbenen Schattierungen der aufziehenden Dämmerung zeigten.

Wir hatten kein Problem damit, in den Club gelassen zu werden, der als einer der besten der Welt gilt. Sebastian stand auf der Gästeliste, und so ging es zügig vorbei an der endlos wirkenden menschlichen Raupe, die devot hoffnungsvoll vor dem Eingang darauf wartete, von Eisenmann Sven – so nennen sie hier den gepiercten Türsteher – selektiert zu werden. Party oder heimgehen, 40 Prozent der Leute schickt Sven angeblich weg. Uns nicht. Und wie schon bei meinem ersten Besuch einige Wochen zuvor durchwehte mich wieder ein kurzer Moment des Stolzes, zu einer undefinierten Elite zu gehören. Ich war cool, ich war hip – ich gehörte dazu. Nachdem wir am Eingang auf Waffen und Drogen durchsucht worden waren, erfuhren wir, was wir im Berghain NICHT dürfen (nämlich Fotos machen oder filmen) und was wir dürfen – nämlich ALLES ANDERE. Dann lockte uns die Musik eine Etage höher. Hier schlägt Berlins wildes Herz. Es schlägt elektronisch und mit brutaler Lautstärke, und es ist gut nachvollziehbar, warum hier einige Besucher Ohrenstöpsel tragen. Die Tanzfläche unter der fast 20 Meter hohen Decke ist von turmhohen Boxen gesäumt; am DJ-Pult stehen die Stars der Szene. Auf der Tanzfläche wird gestampft, gewippt, gekreiselt. Es ist heiß, Chili-heiß. Lichtblitze zerhacken die schweißschwüle Luft, und wummernde Beats malträtieren in der Dunkelheit Gehörgänge und Magengruben.

Für uns ging es noch ein Stück weiter, über eine

Stahltreppe hoch in die Berghain Panorama Bar. Sebastian hatte uns einen Platz am Ende des großen Tresens organisiert, wo unser Grüppchen eine gute Basis hatte. Dort standen wir, lachten, tranken. Ich glaube, wir waren alle schon ziemlich angeschickert, als Sebastian plötzlich ein kleines Zellophantütchen in der Hand hatte und den Inhalt vorsichtig auf den Tresen streute. Die anderen stellten sich ein bisschen dichter zusammen, bildeten mit ihren Rücken eine Wand, doch es schien sowieso niemand zu interessieren, was hier geschah. Mit einer Videothekenkarte tackerte Sebastian kurz durch das Pulver, das er in seinen Sneakers am Türsteher vorbeigeschmuggelt hatte. »Wer will?«, fragte er, als ob er etwas zu trinken anbieten würde. Sein knautschiges Gesicht strahlte vor Vorfreude. Kollektiv-verschwörerisches Kopfnicken – nur ich lehnte ab. Der Moderator formte also vier Startbahnen für die zweite Hälfte dieser Nacht, filigrane Linien, um wieder in Schwung zukommen. »Nehmt das hier«, brüllte Sebastian gegen die ohrenbetäubende Musik an und hielt uns ein milchiges Kunststoffröhrchen hin, »dann könnt ihr es leichter hochziehen. Ist nur ein bisschen Speed ...«

Sebastian war schon immer ein Partymacher, der nach eigenen Angaben noch weniger schlief als Angela Merkel. Mit fünf Stunden pro Nacht komme er aus, tönte er immer. Kein Wunder, dachte ich, bei dem Zeug, das er sich da reinpfiff ... Auch Katja, Christoph und Jonathan griffen munter zu, zogen sich das helle Pulver in die Nasen – sie schienen Erfahrung zu haben mit solchen Wochenend-Trips. Dann ging's ab auf die Tanzfläche. Mit zunehmend glasigeren Augen und einer für

Außenstehende befremdlichen Glückseligkeit, die sich auf ihren Gesichtern breitzumachen schien. Berauschte Sinne. Spürbar einsetzende Hyperaktivität. Katja schien gar nicht genug davon bekommen zu können, fremde Menschen zu berühren, und Jonathans Körper zuckte zur Hochgeschwindigkeitsmusik. Hyperwache happy, happy People ... »Komm schon, jetzt stell dich nicht so an!« Sebastians Stimme riss mich aus meinen Beobachtungen. »Jetzt nimmst du auch was. Ist nicht mehr als ein starker Kaffee«, sagte er zu mir. »Das bringt dich auf Trab, macht dich fit.« Ich hatte schon einmal etwas Gras geraucht, vertrug auch Alkohol ziemlich gut – aber vor härteren Sachen hatte ich bislang immer viel zu viel Respekt gehabt. Andererseits wollte ich auch nicht als dummes, kleines Mädchen dastehen, das nicht weiß, was sich für eine echte Nightlife-Nymphe gehört. »Also los, gib her«, antwortete ich.

Als Sebastian eine extra lange Line auf dem Tresen gezogen hatte – »wird ja auch 'ne lange Nacht, Mica!« –, nahm ich mit leicht zittrigen Händen sein Plastikröhrchen. Und dann steckte ich meine Nase in Dinge, die mich eigentlich niemals etwas angehen sollten – die aber Polizei und Presse bestimmt interessiert hätten; ich zog das Pulver hoch, schnell und heftig, es brannte in der Nase. Dann geschah – gar nichts. Zwei Minuten, drei Minuten – immer noch nichts. Wo war der elektrisierende Rausch, von dem alle gesprochen hatten, diese Euphorie, dieser energetische Kick, der angeblich besser sein sollte als Sex? Nichts von alledem fühlte ich, als ich auf die Tanzfläche ging. Ich versuchte an nichts zu denken und mich einfach nur der Musik hinzugeben. Der DJ trieb jetzt schnellere Beats durch die Boxen, und die Meute kreischte ekstatisch. Dann – ganz plötzlich! –, geschah etwas mit mir. *Jetzt geht es los*, dachte ich, *jetzt kommt der Kick*. Doch es war kein Kick, es war eher wie ein heftiger Schlag auf den Kopf. Alles fing an sich zu drehen, mein Herz raste, mein Körper begann zu zittern. *Verdammt, was geschieht mit mir?* Panik züngelte, noch auf kleinem Flämmchen. Wo waren die anderen, gerade waren sie doch noch hier gewesen? Auf der Tanzfläche nur unbekannte Gesichter; Nachtgestalten in ihrer eigenen, vom Kunstnebel verschleierten Welt. Ich irrte durch die Menge, verlor die Orientierung. Ich musste pinkeln, landete irgendwann schließlich auf einer überfüllten Toilette, auf der es – wie überall in diesem Club – keinen einzigen Spiegel gab. Hinter einer nur angelehnten Klotür übergab sich jemand. *Nichts wie raus hier!* Ich torkelte weiter. Treppen, dunkle Winkel. *Bloß nicht in einen der Darkrooms stolpern*. Im Berghain weiß man nie, was einen hinter der nächsten Ecke erwartet: Ein halb nacktes knutschendes Pärchen? Ein Blowjob? … Doch es war Sebastian, der mir entgegenkam, als ich wackelig um einen senkrecht stehenden Stahlträger kurvte. Schweißausbrüche. Gänsehaut. Alles tat weh, meine Beine gehorchten mir mittlerweile kaum noch, die Arme baumelten scheinbar nutzlos am Körper herab. Ich quälte mich noch ein paar Schritte vorwärts, krallte mich an Sebastians Arm fest; ich war kurz davor umzukippen. Dann war auch Jonathan da. Gemeinsam stützten mich die beiden, bugsierten mich die Treppe hinunter, vorbei an der in Trance zuckenden Körper-Kirmes und schließlich nach draußen in die mit Vogelgezwitscher durchsetzte Frischluft – doch die machte nichts besser.

Sebastian rief ein Taxi, stieg mit mir ein. Ich ließ mich auf den Rücksitz plumpsen, es stank in dem Wagen, das war das Letzte, woran ich mich erinnerte. Eingeengtes Sichtfeld. Kollabierender Kreislauf. Dann gingen die Lichter aus …

Aufgewacht bin ich erst wieder im Krankenhaus. Ich lag in einem Zimmer in der Notaufnahme, und eine Infusionsnadel steckte in meinem linken Arm. Eine Krankenschwester sprach beruhigend auf mich ein, fragte etwas. Doch mehr als in das flache Kissen genuschelten Silbensalat brachte ich nicht zustande. Eine Freundin hat mich ein paar Stunden später schließlich auf eigenen Wunsch – und gegen den Rat der Ärzte – zu sich nach Hause gefahren. Den Nachmittag habe ich komplett verschlafen, durch den Abend bin ich geschlingert wie ein Auto auf Sommerreifen über eine verschneite Passstraße. Ich hatte Gedächtnislücken, die Erinnerung an die letzte Nacht bestand nur aus vagen Bruchstücken. Und die offensichtlichen Spuren, die sie hinterlassen hatte, waren nicht wirklich schön anzusehen: zerzauste Haare, das Gesicht fahl, dazu Augenringe und tief hängende Tränensäcke, die Derrick Konkurrenz gemacht hätten. Die Schleimhäute in meiner Nase brannten noch immer, und mein Mund war furchtbar trocken. Ich fühlte mich einfach hundeelend. Meine Mama hat von dem ganzen Drama nichts mitbekommen, es war ohnehin geplant gewesen, dass ich übers Wochenende nicht heimkommen würde. Ich wollte sie damit nicht belasten, wollte mir auch keine Moralpredigt anhören, also erzählte ich ihr nichts. Was mit mir geschehen war, musste ich erst einmal mit mir allein ausmachen. Wie konnte ich nur so dämlich sein, mir irgendein Zeug reinzuziehen, von dem ich nicht einmal genau wusste, was es war? Noch dazu von einem Typen, der zwar nett, aber ungefähr so vertrauenswürdig war wie ein windiger Autohändler an jeder beliebigen Ausfallstraße. Ich habe mich nicht dazu überreden lassen, weil mein Alltag ach so furchtbar gewesen wäre; nicht, weil ich flüchten wollte aus der unerträglichen Wirklichkeit. Im Gegenteil, ich mochte mein Leben zu dieser Zeit. Ich glaube, ich habe mich eher aus Neugierde hinreißen lassen. Und weil ich nicht als Spaßbremse gelten wollte, als übervernünftige Spießerin, über die man sich anschließend lustig machen würde. Gedankengänge, die so sinnvoll waren wie die EU-Richtlinie für die genormte Salatgurkenkrümmung. Dabei gab es doch in meinem Freundes- und Bekanntenkreis genügend Menschen, für die der Dealer – gleich nach dem Mann vom Pizza-Lieferservice – zur wichtigsten Bezugsperson geworden ist. Auf den ersten Blick alles ganz normale Menschen, denen man ihre Abhängigkeit nicht ansieht. Ich kenne drogensüchtige Bookerinnen mit zarter Alabasterhaut, lebensfrohe Schneiderinnen oder geschniegelte Banker in Armani-Anzügen, und bei keinem von ihnen würde man auf die Idee kommen, dass er oder sie es mit dem Betäubungsmittelgesetz nicht so ganz genau nimmt. Keiner von ihnen bedient das Klischee eines heruntergekommenen Junkies, einer Christiane F. vom Bahnhof Zoo. Sie führen ganz normale Leben – jedenfalls nach außen. Doch hinter den Fassaden sieht es anders aus. Eine Bekannte von mir kokst jeden Tag, bevor sie in einem teuren Friseursalon ihre Arbeit als Stylistin beginnt; andere schleppen sich durch die Woche, um dann von Freitag bis Sonntag durchzufeiern und sich dabei mit kleinen Helferlein in Pulver- oder Pillenform in eine andere Galaxie zu beamen. Jonathan, der Spaßvogel aus dem Berghain, hatte mir schon früher einmal erzählt, wie schnell das bei ihm gegangen war mit der Abhängigkeit. Die ersten Drogen, der erste Kick – und dann das Gefühl, diesen Kick wiederholen zu müssen, möglichst schnell und möglichst noch intensiver. »Da ist diese Gier«, hatte er gesagt, »und dann dieses befreiende Gefühl, den Alltag hinter sich zu lassen. Das Loslassen, sorgenfreies Sichtreibenlassen, das alles vernebelt dir den Kopf. Du kriegst nicht mit, dass du immer mehr abrutschst, dass du im Sumpf versinkst.« All diese Gedanken prasselten auf mich ein, als ich – trotz der kuscheligen, schwarzweißen Wolldecke frierend wie ein Pandababy – bei meiner Freundin auf dem Sofa lag und versuchte, die Ereignisse der letzten Nacht zu ordnen. Es konnte also schnell gehen mit der Abhängigkeit. Verdammt schnell sogar. War ich jetzt bereits drogensüchtig? Würde ich bald neuen Stoff brauchen? Naives Kleinmädchen-Kuddelmuddel, das durch meinen Kopf wirbelte. Ich horchte in mich hinein, lauschte auf jedes Anzeichen, auf etwas, das anders war als sonst. Doch da war nichts außer einer bleiernen Müdigkeit. Trotzdem brauchte ich jetzt dringend jemanden, mit dem ich sprechen konnte. Da Sebastian nicht zu erreichen war, rief ich meinen Kumpel Lennart an, um zu beichten. Und um zu fragen, was ich mir an diesem Abend reingezogen haben könnte. Lennart ist nämlich Arzt und verfügt über einen gewissen berufsbedingten Erfahrungsschatz. Ich zählte die Symptome auf, an die ich mich noch erinnern konnte: Hitzewallungen, Schwindelgefühl, Kreislaufprobleme, Angstzustände, trockener Mund ... Und ich sagte ihm, dass ich an diesem Tag kaum etwas gegessen und wie immer viel zu wenig getrunken hatte. »Es könnte wirklich Speed gewesen sein, ein aufputschendes Amphetamin, das in hoher Dosierung übrigens tödlich sein kann«, sagte er. Auch MDMA, ein kristalliner Ecstasy-Wirkstoff, kam in die engere Wahl. Und Crystal Meth, die am schnellsten abhängig machende Designerdroge. Vielleicht sei es auch eine Mischung aus mehreren Wirkstoffen gewesen, genau könne man das nicht mehr sagen, meinte Lennart. »Jedenfalls hast du großes Glück gehabt. So etwas kann auch ganz anders ausgehen ...« Die Worte meines ehrlich besorgten Kumpels schnitten in meine Müdigkeit wie ein Messer durch Omas Butterkuchen. Ich war wirklich von allen guten Geistern verlassen, so etwas zu nehmen! Total bescheuert!

Am nächsten Tag rief Sebastian mich dann zurück und erkundigte sich, wie es mir ginge. In einem Anfall von Paranoia dachte ich zuerst, dass er meinen Absturz bestimmt Kollegen beim Sender erzählt hätte; und dass die dann – tratsch, tratsch! – ein paar Kumpels bei der Presse angerufen hätten ... *Drogen-Drama: Nacktmodel in Klinik eingeliefert!* Diese Schlagzeile hätte mir gerade noch gefehlt; das wäre eine Katastrophe gewesen, da hätte ich wirklich wichtige Aufträge verloren. Ich hätte Sebastian so etwas wirklich zugetraut. Wenn es um gute Geschichten zum Weitererzählen ging, war er immer ganz vorne mit dabei. Doch meine Sorge war unbegründet. Ich glaube, Sebastian wollte lediglich sein schlechtes Gewissen beruhigen. Nicht mehr und nicht weniger. Zu einem Umdenken hat mein Zusammenbruch bei ihm nicht geführt. Für ihn ging es weiter wie bisher. Er habe das im Griff, behauptete er. Doch die Kontrolle hatten die Drogen, die er nahm. Sie bestimmten sein Leben, von morgens bis abends. Zwei Jahre später hat Sebastian dann seinen Job verloren. Seitdem ist er abgetaucht in der Berliner Partyszene, verschluckt von diesem verführerisch glitzernden, hinterhältigen, ewig lockenden Moloch aus Versprechung und Enttäuschung. Dazu machten Gerüchte die Runde, Sebastian sei mittlerweile auf ebendiesem Crystal Meth, dieser Zombiedroge, die neben ihren psychischen Auswirkungen auch einen rapiden körperlichen Verfall mit sich bringt. *Der kann nicht mehr, der ist total fertig*, munkelte man in der Szene, *der macht's nicht mehr lange …*

Nach meiner Nacht im Berghain habe ich nie wieder Drogen angerührt. Es war ein Fehler, aus dem ich gelernt habe. In Drogen findet man nicht, was man wirklich sucht – ob es nun Geborgenheit ist, Verständnis oder Selbstbestätigung. Für manche Menschen sind Drogen eine für ein paar wenige Stunden gültige Fahrkarte aus dem Alltag, für andere ein Must-have, das zum Lifestyle gehört. Doch beides ist Blödsinn, denke ich. Sich derart die Birne zu benebeln, ist für mich nichts anderes als ein Ausdruck von Schwäche – einer Schwäche, die ich nicht akzeptiere. Weder bei mir noch bei anderen. Weil man – was ich in jeder Situation hasse – die Kontrolle über sein Leben verliert, weil man seine Zukunft riskiert, weil Weglaufen niemals eine Lösung ist. Nach mir die Sintflut, das gilt nicht. Jeder baut am Leben mit, sonst säuft die Arche ab. Ich möchte mich über das definieren, was ich leiste, und nicht über das, was ich mir reinziehe. Drogen sind weder pillengetriebener Lifestyle noch ein pulverisiertes Fluchtwerkzeug – Drogen sind einfach nur ... Scheiße.

Was aus Christoph, Katja, Jonathan und all den anderen aus meiner wilden Partyzeit geworden ist, weiß ich nicht. Wie es oft so ist, irgendwann verliert man sich aus den Augen, geht andere Wege, entwickelt sich weiter. Was bleibt, sind Erinnerungen. Gute und weniger gute. Und Sebastian? Von ihm tauchte irgendwann ein verschwommenes Foto auf Facebook auf, das ihn mit unnatürlich verzerrter Fratze in irgendeinem Club zeigte, ein dusseliges Basecap schräg auf dem Kopf. Ein Bild, das kaum noch Ähnlichkeit hatte mit dem Menschen, dem guten Moderator, den ich kannte. Vor einigen Wochen wurde Sebastians Facebook-Account gelöscht, und irgendwie rechne ich seitdem mit einer Nachricht, die mich traurig machen wird.

Stalking und ein falscher Selbstmordversuch: Hilfe, ich bin ein psychopathisches Klammeräffchen

Von Drogen habe ich – wie gesagt – für immer die Finger gelassen. Vor richtigem Ärger mit dem Gesetz hat mich das trotzdem nicht bewahrt. Es gab zehn Monate in meinem Leben, da war ich so durchgeknallt, dass ich ohne Pfleger eigentlich gar nicht auf die Straße gedurft hätte. Und wer war der Auslöser für dieses ganze Kuddelmuddel aus Liebe und Hass, aus Stalking, Selbstmordversuch und einem Polizeieinsatz? Ich! Einzig und allein ich selbst! Das sage ich heute. Damals gab es in meinen Augen allerdings nur einen Schuldigen für das ganze Drama: Manuel, ein Kameramann, 39 Jahre alt und meine erste große Liebe. Ich hatte ihn während einer Modenschau kennengelernt, wo er einen Beitrag fürs Fernsehen drehte, während ich als Model über den Laufsteg stöckelte. Wir haben uns gesehen und waren auf der Stelle ineinander verknallt – Blitzliebe wie ein hormonelles Überfallkommando. Von heute auf morgen war Manuel mein Ein und Alles, mein Schimmelreiter, mein Drachenbezwinger, der für immer Friede, Freude, Eierkuchen in mein Leben bringen sollte. Pinkfarbene, glitzerpaillettenbeklebte Wunschträume eines knapp 20-jährigen Dummerchens.

Denn unsere verkitscht-heile Welt bekam schnell Risse, und wir fingen an zu streiten. Vielleicht lag es am großen Altersunterschied, Manuel war immerhin um einiges älter als ich. Er hat mir vorgeworfen, dass ich unreif sei – womit er natürlich recht hatte. Er wollte mich überreden, mein Abitur nachzumachen, zu studieren; auch den Führerschein könnte ich endlich machen, meinte er. Heute weiß ich, dass Manuel mich motivieren und auf einen anderen Weg schubsen wollte. Doch damals habe ich das nicht verstanden, für mich waren seine Bemühungen nichts anderes als Kritik – und die hat mich unglaublich genervt. Ich sehnte mich einfach nur nach Bestätigung, nach Zärtlichkeit. Ich fühlte mich allein und wünschte mir, ich hätte uns zurück in die ersten Tage unserer Beziehung beamen können. Doch die Realität ließ uns nicht los, tackerte uns fest im Hier und Jetzt. *Du musst jetzt ... Mach doch mal Folgendes ...* Manuel schien mein Leben mit der

Genauigkeit eines Schweizer Uhrmachers zu planen. Millimetergenau und mit großer Detailversessenheit. Doch dass er mich liebte, das sagte er mir nie; und zeigen konnte er es mir auch nicht. Unaufmerksamkeit = mangelndes Interesse = Demütigung. Das war meine Logik damals. Die Wolken über unserer Beziehung wurden immer dunkler, drückender. Amor schien sich aus dem Staub zu machen, und der Donnergott übernahm. Aufgeladene Stimmung, immer heftigeres Grollen. Ich fing an, Manuel unfaire Vorwürfe zu machen; alles regte mich auf. Seine Selbstherrlichkeit, seine Vorliebe für Jeanshemden, seine ruckartigen Bewegungen beim Zähneputzen – »*fast schon epileptisch*«, lästerte das Gollum-Mädchen, »*findest du nicht, mein Schatz?*«. Doch je aggressiver ich ihn anging, desto mehr zog er sich zurück. Manuel schluckte alles, ihn schien meine Hysterie kaltzulassen. Keine Emotion, kaum eine Regung – verdammt, war dieser Mann eigentlich aus Stein? Diese überheblich wirkende Gelassenheit machte mich rasend. Ich wollte endlich eine Reaktion von ihm sehen, eine Schwäche, irgendwas. Am liebsten hätte ich gesehen, wie Mr. Allwissend von seinem Thron der Weisheit stürzte, wie seine Unfehlbarkeit zersplitterte und er einsichtig in meine Arme sank. In einem Moment, in dem mein Herz in einem Meer aus Zurückweisung zu versinken drohte und mein Gehirn seine Tätigkeit einstellte, beschloss ich, mir woanders Aufmerksamkeit zu holen – ich beschloss, Manuel zu betrügen …

    Die Gelegenheit dazu kam schnell. Manuel, sein Kumpel Jan – ein nutellabraun gebrannter Schönling aus Münz-Mallorca – und ich waren gemeinsam in den

Berliner Stage Club gegangen. Im Laufe des Abends – für Manuel schien ich mal wieder Luft zu sein – köchelte meine Wut hoch wie Suppe in einer Gulaschkanone, stetig und blubbernd. *Was bildest du dir eigentlich ein*, loderte es in mir, *andere Männer würden sich die Finger nach einer Frau wie mir ablecken*. Mein zu dieser Zeit endlich erwachtes Selbstbewusstsein würde ich mir nicht wieder kaputt machen lassen; es bekam bereits erste Risse – also musste ein Kleber her, und zwar schnell. Jan war ein williger Kleber, hübsch anzusehen und dabei so einfältig, dass er Godzilla vermutlich als Lieblingsschauspieler genannt hätte. Ihm den Kopf zu verdrehen, war nicht schwer, wir waren beide betrunken wie Australier auf dem Münchner Oktoberfest; und so kamen wir auf der Toilette des Clubs schnell zur Sache. Mit einer Hand stützte ich mich auf dem Spülkasten ab, mit der anderen an der Seitenwand der Kabine. *Liebe Köchin, lieber Koch, hier fällt eure Kunst ins Loch.* Es war einer dieser dämlichen an die Wand geschmierten Klosprüche, auf die mein Blick fiel, während Jan, der Zehn-Sekunden-Kleber – länger hat es sicher nicht gedauert –, die feindliche Übernahme vollzog. Ich versuchte an etwas anderes zu denken, versuchte mir vorzustellen, wie Manuels Gesichtszüge bei unserem Anblick entgleisen würden; wie feuriger Schmerz in sein Herz fahren würde und ihm – endlich, endlich! – diese stolze Überlegenheit aus der Visage wischen würde … Meine Rache – *siehst du, wie dein Kumpel bei mir abgeht?* Deine Demütigung – *wie findest du das, was er mit deiner Freundin macht?* Ich dachte wirklich, ich würde die Toilette als Siegerin verlassen, mit aufgeputschtem Ego und grimmig-triumphierendem Lächeln. Doch dem war nicht so – natürlich nicht! –, ich war noch frustrierter als vorher, dazu war mir jetzt auch noch speiübel. Und ein weiteres unangenehmes Gefühl gesellte sich dazu: Scham. Ich schämte mich, ein seelischer Rohrbruch kündigte sich an. Um meine Tränen zu trocknen, bin ich dann für ein paar Minuten vor die Tür gegangen. Was hatte ich da eigentlich gerade gemacht? Hatte ich noch alle Tassen im Schrank? Ich suchte noch nach Antworten, als plötzlich Manuel hinter mir stand. Was los wäre, wollte er wissen, wo ich gewesen sei und warum ich weinen würde. Weil in meinem Kopf alle Gedanken verrücktspielten, weil ich mich ertappt und überrumpelt fühlte, warf ich mich in seine Arme und erzählte ihm – ja, das habe ich wirklich behauptet! –, dass ich gerade vergewaltigt worden sei. Wirklich total dämlich. Heute kann ich darüber nur noch den Kopf schütteln, aber damals spuckte mein Gehirn ganz spontan diesen Gedanken aus. Die Strafe für diese fiese Lüge allerdings folgte prompt – denn kurz nachdem Jan seinen schiefen Wurm von Pisa wieder in seiner Hose verstaut hatte, war er zu Manuel gegangen und hatte seinem Kumpel alles gebeichtet. Manuel wusste also Bescheid – und ich prallte mit meiner Märchenstunde frontal gegen die Wand. Wie ein Auffahrunfall mit 140 Sachen. Der Schaden war irreparabel und die Rechnung enorm hoch.

 Nach meiner Dummheit mit Jan hat Manuel natürlich sofort mit mir Schluss gemacht. Sehr sachlich, versteht sich, wie es seine Art ist. Er hat unsere Beziehung mit der gleichen Nüchternheit beendet, wie man einen Dauerauftrag bei einer Bank löscht: Kästchen anklicken, OK drücken – und schon war ich weg. Für mich brach eine Welt zusammen, DAS hatte ich doch nicht gewollt, ganz im Gegenteil. Ich habe mich anschließend unzählige Male bei Manuel entschuldigt, habe versprochen, mich zu bessern, und um eine letzte Chance gebeten. Alles ohne Erfolg. Dann fing ich an, Manuel böse Mails und SMS zu schreiben – ein Hagel aus elektronischen Flüchen und Anklagen. Ich habe ihn beleidigt, ich habe ihm gedroht. Wochenlang habe ich ihn terrorisiert, getrieben von meinem krankhaften Liebeskummer. Manuel hatte eine Lücke hinterlassen, und plötzlich war da nichts mehr. Nur noch Leere und Enttäuschung und Wut. Weil auf meine Nachrichten nicht eine einzige Antwort kam, rief ich ihn an, immer wieder. Wahlwiederholung – Wahlwiederholung – Wahlwiederholung; es müssen Hunderte Anrufe gewesen sein. Ein einziges Mal ist er schließlich drangegangen und hat zugestimmt, sich mit mir in seiner Wohnung zu treffen. Die letzte Aussprache. Das große theatralische Finale. Was ich mir wirklich davon versprochen hatte, weiß ich heute nicht mehr. Denn die meisten dieser emotional aufgeladenen Last-Goodbye-Veranstaltungen enden im Desaster. So war es auch bei uns. Im Laufe des Gesprächs – ich quasselte mir die Lippen fusselig, Manuel hörte schweigend zu – habe ich dann das letzte bisschen Würde über Bord geworfen und ihn auf Knien angefleht, mich zurückzunehmen. Ich schrie, schniefte und heulte. Doch er hat abgelehnt, kühl und scheinbar unbeteiligt. Irgendwann kam der Moment, an dem ich nicht mehr weiterwusste, an dem diese Demütigung ein Ventil brauchte. Ich rannte in die Küche, fischte mit fahrigen Fingern ein

Messer aus einer Schublade – eines der großen, scharfen, mit denen Manuel immer sein heißgeliebtes Bauernbrot schnitt – und stürmte zurück ins Wohnzimmer. Eine Furie, keuchend, mit verheultem Gesicht, Rotznase und wirrem Blick – so stand ich vor ihm und fuchtelte mit der Klinge vor seinem Gesicht herum. Wortlos. Und bebend vor Wut. Ich glaube, in diesem Augenblick hatte Manuel Angst vor mir. Ein paar Sekunden vergingen, absolute, bis zum Zerreißen angespannte Stille – und dann: fröhliche Stimmen im Hausflur; vermutlich waren es die Nachbarskinder, die vom Spielplatz nach Hause gekommen waren. Ihr Lachen riss mich aus dieser irren Situation, fegte den Nebel weg, der meinen Verstand kurzzeitig eingeschlossen hatte. *Was tust du hier*, dachte ich erschrocken, *hast du sie noch alle? Das ist ja wie in einem schlechten Film!* Zitternd legte ich das Messer auf den Tisch und hörte, dass Manuel ausatmete. Langsam und irgendwie zögerlich – wie mein altes Gummikrokodil, wenn man das letzte bisschen Luft aus ihm herauspresste. Dann bat er mich mit leiser Stimme zu gehen, und dabei hatte sein Gesicht die Farbe von Hafergrütze. Ohne ein weiteres Wort verließ ich die Wohnung. Ich war geschockt von dem, was gerade geschehen war. Ich hätte Manuel niemals bewusst wehtun können, ich liebte ihn ja. Aber ich war in diesem Augenblick nicht ich selbst, ich hatte die Kontrolle verloren, und wer weiß, wenn das Kinderlachen nicht gewesen wäre – ich will gar nicht darüber nachdenken … Jedenfalls hat mein Auftritt als messerschwingende Amazonenkriegerin dazu geführt, dass Manuel seine Schotten vollends dichtgemacht hat. Totale Kommunikationsblockade, von einem weiteren Treffen ganz zu schweigen. Und das ließ den Wahnsinn in meinem mit dieser Situation überforderten Köpfchen schnell wieder aufflammen ...

Mehr und mehr wurde ich zum psychopathischen Klammeräffchen, das sich vor lauter Verlustangst am liebsten chirurgisch mit Manuel hätte verbinden lassen. Eifersucht mischte sich mit geradezu pathologischem Kontrollwahn – und dann begann ich, Manuel zu stalken. Ich lungerte vor seinem Haus herum, stand an der Hausecke gegenüber, direkt neben dem kleinen Schreibwarenladen mit der grünen Markise, in dem er von Zeit zu Zeit Lotto spielte. Manchmal war ich tagsüber da, meist jedoch erst abends. Ich wollte sehen, wann er nach Hause kam und mit wem. Ein-, zweimal hat er mich bei meiner peinlichen Revierkontrolle sogar entdeckt. Doch er hat nichts gesagt, kein Wort, er hat mich weiterhin ignoriert. Mich, die Leidende, die um Anerkennung und Aufmerksamkeit Bettelnde – die Abgrenzungsbehinderte, die jetzt auch noch unter akuter Schnüffleritis litt. Verzweifelt habe ich nach einem Schuldigen für das Dilemma gesucht – und ihn auch gefunden: *Wenn Jan, dieses Waschweib, seine Klappe gehalten hätte, wären Manuel und ich noch zusammen*, dachte ich. Also sollte der Verräter büßen. Ich fing an, auch ihm auf die gebräunte Pelle zu rücken. Ich bombardierte ihn mit Anrufen, mit SMS-Nachrichten. »Ich werde dich ins Grab bringen.« Solche Dinge schrieb ich ihm und noch schlimmere. Leider war Jan nicht so nachsichtig wie Manuel – er hat mich ratzfatz angezeigt. Ich bekam dann Post von der Polizei und wurde zu einem Verhör aufs Revier gebeten. *Oh Gott, mit der Polizei hatte ich noch nie etwas zu tun ...* Ich rief einen

Anwalt an und fragte ihn, wie ich mit der Situation umgehen solle. Er hat mir geraten, mich seriös anzuziehen und dezent zu schminken. »*Nimm das schwarze Kostüm, mein Schatz*«, assistierte das Gollum-Mädchen, »*du weißt schon, das teure von Moschino.*« Ein knielanger Rock und ein schicker Blazer, dazu Schuhe mit halbhohen Absätzen und ein Dutt – ich glaube, so klassisch schick war ich niemals wieder angezogen. Doch die Textilstrategie hat sich gelohnt bei meinem Gang nach Canossa: Nachdem ich mich entschuldigt und versprochen hatte, keinen Unsinn mehr zu machen, ließen mich die Polizisten gehen. Mica, die Geläuterte, die Reumütige. Schuld und Sühne auf der linoleumausgelegten Polizeiwache in Berlin-Hellersdorf. Doch es hat nur wenige Tage gedauert, bis ich mein Versprechen gebrochen und die moralische Fastenzeit wieder beendet habe.

Der Trennungsschmerz nagte schlimmer denn je an meinem kleinen bösen Herzen. Er bohrte, er fraß das letzte bisschen Vernunft. Irgendwann – es war ein bitterkalter Sonntagabend – stellten die verbliebenen Sicherungen in meinem Oberstübchen endgültig ihren Dienst ein. Eingemummelt in eine Decke und ein Kissen mit chinesischer Seidenstickerei zwischen den Knien, saß ich zu Hause auf meinem Bett und entschloss mich zu einem letzten verzweifelten Vorstoß gegen Manuels emotionales Bollwerk. Ich würde ihm eine Pistole auf die Brust setzen, die er mit Sicherheit spüren würde; eine große, tiefe Wunden reißende Knarre. Ich rief Manuel an – piep, piep –, die Mailbox schaltete sich ein. Natürlich, wie könnte es auch anders sein. Noch einmal Vorhaltungen und Beschimpfungen – dann ließ ich die Katze aus dem Sack: »Ich werde mich jetzt umbringen«, schrie ich in mein Handy. »Ich will nicht mehr leben. Ich springe jetzt aus dem Fenster, und du bist schuld.« Dann legte ich auf. Es war der erste Akt eines gemeinen Schmierentheaters. Denn natürlich hatte ich keine Sekunde lang die Absicht, mich aus dem sechsten Stock auf die Straße zu stürzen, um dann unten auf dem Kopfsteinpflaster wie eine überreife Hollandtomate von dieser Welt in die nächste zu platzen. Nein, das hier war Psycho-Taktik von der fiesesten Sorte. Ich wollte Manuel zurückhaben, und wenn ich dazu ein Selbstmorddrama inszenieren musste, bitte schön. Allerdings war es nicht mein abtrünniger Prinz Schweigsam, der 20 Minuten später bei uns an der Haustür klingelte. Mama guckte gerade den *Tatort* und dachte, ich würde Besuch kriegen. Ich öffnete die Wohnungstür und hörte Männer im Treppenhaus keuchen, die, immer zwei Steinstufen auf einmal nehmend, zu uns nach oben stürmten; einen Lift gab es ja nicht in unserem Plattenbau. Es waren zwei Polizisten. Oben angekommen, erklärten sie mir röchelnd wie Asthmapatienten bei der Morgengymnastik, dass sie einen Anruf bekommen hätten; ich sei angeblich suizidgefährdet, und jetzt wollten sie nachsehen, ob alles in Ordnung sei. *Verflixt, so war das nicht geplant* – aus der Schmierenkomödie wurde perfides Improvisationstheater. Ich griff ganz tief in meine Kiste mit den Unschuldsmienen und zauberte das naivste, engelhafteste Lächeln hervor, das ich finden konnte. Dann erklärte ich den Beamten, dass mein verrückter Exfreund nicht mit unserer Trennung zurechtkäme, man ihn nicht ernst nehmen dürfe und es mir natürlich gut gehe. Ich entschuldigte mich dafür, dass sie vergeblich gekommen waren, und wünschte ihnen noch einen schönen Abend. Es dauerte allerdings nicht lange, bis mich das schlechte Gewissen packte, es hat mich regelrecht geschüttelt. Ich war eindeutig zu weit gegangen, was war ich doch für ein Miststück! Ich hatte Manuel betrogen und beschimpft; ich hatte ihn mit einem Messer bedroht, ihm Angst gemacht, ihn als liebeskranken Psychopathen hingestellt. Dabei war ich diejenige, bei der sich die eine oder andere Schraube gelockert hatte. Als ich am nächsten Tag auch noch erfuhr, dass Manuel wegen meiner Selbstmordaktion richtig Ärger bekommen hatte – so etwas kann ordentlich ins Geld gehen, von einer Anzeige mal ganz abgesehen –, habe ich ihn ein letztes Mal angerufen und mich ehrlich auf seiner Mailbox für all den Mist entschuldigt, den ich gebaut hatte. Reagiert hat er darauf wie gewohnt: gar nicht.

Die Trennung von Manuel und mir hat insgesamt zehn Monate gedauert. Eine Zeit mit sehr viel Krieg und wenig Frieden. Wie ein Boxer hatte ich immer wieder auf Manuel eingedroschen, mit allen Mitteln – auch unfairen. Doch Liebe lässt sich nicht erzwingen; er hatte jeden meiner Schläge stoisch wie ein Sandsack hingenommen. Manuel, ein Mann mit wahrlich buddhamäßiger Kondition beim sturen Aussitzen, hat mich einfach ins Leere laufen lassen. Er wusste, was Streitkultur ist – ich dagegen musste die entsprechenden Erfahrungen erst machen …

Meine 5 besten Tipps, um Streits durchzustehen

1. Ein Streit darf niemals zum Krieg werden. Keine verbalen Scharmützel, keine Beleidigungen. Eine andere Meinung zu haben, ist in Ordnung – eine Orientierung an Kulturkreisen, wo Probleme dadurch gelöst werden, sich gegenseitig den Schädel einzuschlagen, ist es nicht. Mal ehrlich, wer sich hier angesprochen fühlt, der ruft mich bitte an – dann suchen wir zusammen im Telefonbuch nach einem guten Psychotherapeuten.

2. Die Vergangenheit und frühere Verletzungen – und tun sie auch noch so weh – haben in der Gegenwart nichts verloren: Ein Streit findet hier und jetzt statt. Rachestreits führen zu nichts. Im Gegenteil. Es wird immer weiter gekeilt, bis wirklich alles in Scherben liegt.

3. Der große Schweiger kommt in »Kokowääh« gut – im wirklichen Leben eher nicht. Probleme einfach zu ignorieren oder in sich reinzufressen bringt niemals etwas; das führt irgendwann zum großen Knall. Wo immer der Schuh drückt, raus damit! Diese Dinge zu verdrängen, das ist ungefähr so zielführend wie Heilmethoden, die eine Grippe mit Tänzen rund ums Lagerfeuer zu therapieren versuchen.

4. Manchmal ist man einfach zu aufgebracht, um ein vernünftiges Gespräch führen zu können. Wenn Rumpelstilzchens Wutventil aus dem letzten Loch pfeift, sollte man erst einmal Dampf ablassen – beim Joggen, beim Sich-alleine-heiser-Brüllen im Keller, beim exzessiven Frustshopping, falls vertretbar mit SEINER Kreditkarte. Wenn das Gröbste raus ist, gestaltet sich das klärende Gespräch mit Sicherheit ein gutes Stück entspannter.

5. Ob SIE mit ihrem Knuffipuffi-Kleinwagen nicht in Parklücken kommt, die für einen 7,5-Tonner ausreichend wären, oder ER denkt, beim Im-Sitzen-Pinkeln würde sein Allerwertester eine irreversible Symbiose mit der Klobrille eingehen: Ein Streit ist kein Machtkampf, bei dem am Ende einer vermöbelt auf dem Boden liegt. Es geht nicht darum, dass derjenige mit dem größeren Sturschädel gewinnt; es geht darum, dass Probleme gelöst werden, dass man sich – im Idealfall – versöhnt. Deswegen habe ich gelernt, mich verbal zurückzunehmen, nicht mehr so aggressiv zu formulieren. Sätze mit »Ich finde, dass …« oder »Denkst du nicht auch …« zu beginnen, wirkt entgegenkommender und baut nicht gleich eine unüberbrückbare Wand auf.

Die meisten dieser Dinge wusste Manuel. Heute ist mir klar, dass es damals genau richtig war, wie er mit der Situation umgegangen ist. Es hätte nichts gebracht, sich weiterhin mit mir zu treffen, um Dinge zu diskutieren, die längst besprochen waren, oder um es noch einmal miteinander zu versuchen. Alles im Leben hat seine Zeit, und Manuel und ich hatten unsere gehabt. Trotzdem hat es dann noch ein ganzes Jahr gedauert, bis ich die Trennung überwunden hatte. Mir ist das alles sehr, sehr nahe gegangen. Jahre später haben Manuel und ich uns zufällig wiedergetroffen. Die alte Chemie war noch immer da, nur eben ohne Liebe, ohne Amok laufende Hormone. Ich hatte längst eingesehen, wie dumm ich mich verhalten hatte, und er hat mir verziehen. Wir sind Freunde geworden, sehr gute sogar, und dazu wohnt er auch noch gleich neben mir. Heute lachen wir über unsere gemeinsame Vergangenheit. Da gibt es eine Menge Dinge, die uns verbinden, gute und schlechte. Nach all der Zeit hat sich ein Kreis geschlossen, Manuel ist zurückgekommen in mein Leben. Nicht als Lover, sondern als echter Kumpel, auf den ich mich immer verlassen kann. Und dafür bin ich wirklich unendlich dankbar.

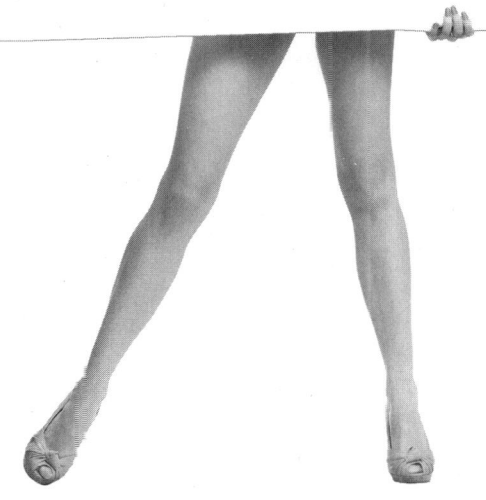

Dankbarkeit ist ein großes Thema in meinem Leben. Ich finde es wichtig, nicht immer alles als selbstverständlich anzusehen, und bin wirklich dankbar für so vieles. Für die Chancen, die sich mir bislang eröffnet haben, für Gesundheit und für meine Familie, die immer zu mir steht, auch wenn es mal schwierig wird. Von meiner großartigen Mama habe ich ja bereits erzählt. Dann ist da noch meine Oma Christel – ohne Übertreibung die beste Oma der Welt! Früher hat sie Mama und mich finanziell unterstützt, und auch heute noch ist sie aus unserem kleinen Familienunternehmen nicht wegzudenken: Sie erledigt meine Autogrammpost, hängt sich stolz Poster von mir in ihrer Wohnung auf und begleitet mich manchmal zu Auftritten. Sie war sogar einmal auf der Erotikmesse »Venus« mit dabei – wow, ich meine, wie cool ist das denn! Ich muss schon sagen: Oma, Mama und ich sind ein unschlagbares Trio. Wir halten zusammen, komme was da wolle. Und natürlich kommt immer mal wieder etwas ...

Bei mir ist es vor allem die Angst, wieder so arm zu

sein wie früher. Dieses bedrückende Gefühl hat sich zu einem immer wieder mal auftauchenden Besucher entwickelt; und zwar zu einem, der seinen Besuch nicht vorher ankündigt, sondern – *peng, da bin ich!* – jedes Mal brachial mit der Tür ins Haus fällt. Einmal in meinen Gehirnwindungen angekommen, breitet er sich dann schneller aus als ein Facebook-Posting von Justin Bieber. Ich werde nervös, habe keinen Appetit, kriege Schweißausbrüche und denke an die Vergangenheit. Wie Mama und Oma uns mit Ach und Krach über die Runden gebracht haben; wie ich für 7 Euro die Stunde als Hostess für irgendwas in Irgendwo geschuftet habe; wie ich nachts wach lag und mir mein Möchtegern-Supermodel-Köpfchen darüber zermartert habe, wo ich das Geld für die nächste Monatsmiete auftreiben sollte. Der Pleitegeier als bester Kumpel und das Leben als Überlebenskampf – lange Zeit sah es so aus, als sollte das mein Schicksal sein. Und fast wäre es ja auch so gekommen. Es gab unzählige Momente, in denen ich nicht mehr weiterwusste. Zweifel. Niederlagen. Tränentriefende Tage, die das letzte bisschen Kraft aus mir rausschwemmten. Heute ist mir klar, dass ich um ein Haar als Fallobst liegen geblieben wäre; dass ich die Früchte des Erfolgs letztendlich nur ernten konnte – so viel zum Thema Dankbarkeit! –, weil ich beim *Dschungelcamp* mitgemacht hatte. Durch das Zwangswohnen in der australischen Botanik konnte ich endlich vom Nacktsein leben; es hat mich als »DIE MIT DEN BRÜSTEN« ins Scheinwerferlicht geschossen. Danach klingelte es auf dem Konto. Es gab Geld für Partyauftritte und gute Laune, für Offenheit und Professionalität. Mittlerweile werde ich vier-, fünfmal in der Woche gebucht. Für ein Mädchen, das in einem Plattenbau im Osten aufgewachsen ist, kommt da unfassbar viel zusammen; Geld, das ich allerdings nicht für mich ausgebe, sondern in meine Vermarktung investiere. Ich drehe aufwendige Videos in HD, produziere einen hochwertigen Erotikkalender, habe eine professionelle Website, eine treue Facebook-Community, einen Channel auf YouTube. Als Altersvorsorge habe ich mir in Berlin vor einiger Zeit ein 125 Quadratmeter großes Penthouse gekauft. Mein Rückzugsort, mein Cinderella-Schloss, aus dem mich niemand mehr rauskriegt, selbst wenn alle beruflichen Stricke einmal reißen sollten. In zehn Jahren hätte ich gerne drei Immobilien, um von den Mieteinnahmen leben zu können. Ich will niemals einer dieser Pleite-Promis werden – ins *Dschungelcamp* würden sie mich ja vermutlich kein zweites Mal lassen, um die Kasse aufzubessern. So weit die theoretische Finanzplanung. Hört sich eigentlich nicht schlecht an, oder? Man müsste also meinen, ich sei rundum zufrieden. Doch so ist es nicht, jedenfalls nicht ganz. Denn trotz meiner momentanen Erfolge sind meine Armutsängste noch immer da – was zur Folge hat, dass ich extrem sparsam bin, fast schon geizig. Ich achte bei Lebensmitteln auf die Preise, gehe nur ins Kino, wenn Spartag ist, und gehöre absolut nicht zu den Frauen, die für den nächsten Shoppingbummel leben und für ein Paar Louboutins sterben. Wenn ich mir dann doch einmal etwas Teureres zum Anziehen leiste, habe ich anschließend – kein Scherz! – ein derart schlechtes Gewissen, dass ich mich über das neue Teil nicht einmal richtig freuen kann. Eigentlich bescheuert, oder? Es würde mich echt nicht wundern, wenn ein Ahnenforscher herausfinden würde, dass ich familiäre Wurzeln in Schwaben habe – die sollen dort ja schließlich auch extrem aufs Geld schauen ...

Neben meinem Bammel, dass auf meinem Kontoauszug die Null irgendwann einmal VOR dem Komma steht, gibt es noch etwas anderes, das mich mehr und mehr beschäftigt: mein Job als Busenbomber-Kulturbeauftragte und die Kritik, die ich dafür einstecken muss. Dieses Leben hat begonnen, mich als Mensch zu verändern. Natürlich ist das auch Mama schon aufgefallen. Sie sagt öfter zu mir, dass ich aufgesetzt wirken würde, gekünstelt, einfach nicht mehr echt. Sie könne manchmal gar nicht mehr zwischen der öffentlichen Mica und ihrer Tochter unterscheiden. Andere gehen sogar noch ein Stückchen weiter. Sie werfen mir kalte Geschäftsmäßigkeit vor; mein Körper sei ein völlig entfremdetes Werkzeug, abwaschbar und ohne jede Intimität. Wenn ich so etwas höre, macht mich das jedes Mal erst einmal ziemlich wütend. Nicht Hulk-wütend oder Rambo-wütend – aber immerhin wütend. Das Showgeschäft ist eben kein Ponyhof; es ist hart und fies und gnadenlos, wenn du dich nicht an die Regeln hältst. Also versucht man sich zu schützen. Ein Pulli bewahrt vor Kälte, Sonnencreme vor verbrannter Haut – und in meinem Fall ist es eben ein Schild gegen das Nicht-ernst-genommen-Werden, gegen das Ausgelachtwerden, den ich schützend vor Herz und Seele halte. So schwer sei das ja wohl nicht zu verstehen, meint auch mein Gollum-Mädchen. *»Die ganzen Schlaumeier, die dich da nach Belieben analysieren, sollen sich mal entspannen. Die wissen doch nichts von dir, mein Schatz, gar nichts, oh nein!«* Wenn ich allerdings länger darüber nachdenke, dann haben sie schon ein bisschen recht, Mama und all die anderen. Ich bin egoistischer und berechnender geworden. Ich gehe meinen Weg und nehme dabei keine große Rücksicht auf andere. Es ist ein Weg, der mir auch Narben beschert hat, die nicht von meinen Schönheitsoperationen stammen. Und manchmal, in stillen Augenblicken, die nur mir gehören, spüre ich eine Keller-kühle Leere in mir. Sie ist mir fremd, sie gefällt mir nicht – aber leugnen kann ich sie nicht.

Auch vor Männern schütze ich mich – gerade vor ihnen. Es gab einfach zu viele, die mich enttäuscht haben. Da war mein Vater, der Mama sitzen gelassen hat; und da waren unzählige Kerle, die mich ausgenutzt oder betrogen haben. Für die bedeutete Monogamie so etwas wie Hartz IV für ihren Schwanz: unvereinbar mit ihrem Ego. Männer sind Jäger und werden es immer sein, das scheint – Fred Feuerstein lässt grüßen! – ein genetisches Überbleibsel aus der Steinzeit zu sein. Sie können ihre Finger nicht von anderen Frauen lassen, sie sind tickende Zeitbomben. Irgendwann ist in einer Beziehung alles Alltag, das Prickeln verschwindet, Langeweile macht sich breit – und dann gehen diese Zeitbomben hoch. Nils, der Anlageberater aus dem hohen Norden, ist ein gutes Beispiel dafür; ihr erinnert euch, das ist der Mann, der während der Affäre mit mir seine Frau und seine Familie verleugnet hat; und der mich fallen ließ wie eine heiße Ofenkartoffel, als ich herausgefunden hatte, dass er ein verheirateter Familienvater war. Genau dieser Nils hat sich am letzten Valentinstag wieder per SMS bei mir gemeldet. Nach seiner ganzen Märchenonkelei. Nach seinem feigen Abgang durchs

Hintertürchen. Vermutlich ist in Nils' Ehe mittlerweile endgültig die Luft raus. Da hat er an die alten Zeiten gedacht und gemeint, man könnte ja mal wieder … Knickknack, ihr versteht schon … Unglaublich, oder? Aber so typisch für viele Kerle!

Der Umgang mit prominenten Männern ist noch schwieriger. Denn zusätzlich zu ihrer Treue-minimierenden Belastung des XY-Chromosoms leben sie in einer Scheinwelt aus Lug und Selbstbetrug. Sie spielen eine Rolle. Verstellen sich. Haben sich ihr jeweiliges Klischee übergestülpt wie ein lebensgroßes Kondom, das alles verbirgt: ihre Gefühle, ihren wahren Charakter, ihre Sorgen und Ängste. Im Nachhinein bin ich mir bei einigen Affären gar nicht mehr sicher, mit wem ich sie wirklich hatte – mit dem Menschen oder der Kunstfigur, die dieser Mensch in der Öffentlichkeit darstellen will. Und vielleicht ist es ihnen mit mir ebenso ergangen, wer weiß … Doch ob prominent oder nicht: Wenn ich so zurückblicke auf all die Männer, die ich kannte, dann bin immer ich es gewesen, die mehr gekämpft und gelitten hat. Männer waren die Jäger, ich war die Sammlerin – ich habe Enttäuschungen gesammelt, eine nach der anderen. Nein, ich glaube, ich kann keinem Kerl mehr hundertprozentig vertrauen. Ich möchte keine Gefühle mehr investieren, die nicht erwidert werden; ich möchte nicht mehr verarscht werden, nicht mehr leiden, mich nicht mehr unglücklich verlieben. All das frisst Energie – und die brauche ich, um meine Karriere weiter voranzutreiben. Also wird mir mein Beruf auch immer wichtiger sein als ein Mann.

Mein Motto ist: Das Ziel fixieren, sich nicht ablenken lassen – sonst kommt man nicht weiter und bleibt stecken im Matsch der Mittelmäßigkeit. Und das möchte ich niemals. Ich denke, es spielt keine Rolle, was man tut. Es kommt nur darauf an, dass man in dem, was man tut, ganz aufgeht. Ob Straßenkehrer, HNO-Ärztin oder Pornodarsteller – Hauptsache, man ist der Beste in seinem Job. Tolle Frauen, die genau das vorleben, was ich bewundere, sind zum Beispiel Englands Trash-Ikone Katie Price, Victoria Beckham oder das amerikanische Reality-Sternchen Kim Kardashian. Diese Frauen sind so etwas wie Vorbilder für mich. Weil sie es alleine nach oben geschafft haben; weil sie Selfmade Women sind, die ihr Leben souverän meistern und selbstbewusst immer weitermarschieren – wie sehr man auch an ihnen herumkritisiert. Da gab es niemanden, der ihnen den Erfolg auf einem Silbertablett serviert hätte, und – Fußballgott David Beckham hin oder her – auch keinen Göttergatten, der seiner Herzallerliebsten startfördernden Puderzucker in den Po gepustet hätte. Katie, Victoria und Kim wurden berühmt, weil sie schlau, fleißig und diszipliniert sind – und nicht etwa, weil sie mozartöse, die Weltgeschichte in ihren Grundfesten verändernde Ausnahmetalente wären. Denn sind wir mal ehrlich: Hat auch nur eine dieser Frauen wirklich herausragende Eigenschaften? Gehörte Spice Girl Victoria Beckham zu den besten Sängerinnen der Welt? Sicher nicht! Und schreibt Katie Price wirklich die süßesten Kinderbücher? Riecht das von ihr kreierte Parfum tatsächlich besser als andere? Zweimal nein – trotzdem hat sie es in England vom Busenstar zur mega-erfolgreichen Unternehmerin gebracht. Und Kim Kardashian? Sie kommt wie ich aus dem Reality-Fernsehen und hat andere an ihrem mehr oder minder interessanten Dasein teilhaben lassen – doch heute steht sie an der Spitze eines millionenschweren Lifestyle-Imperiums. So viel falsch gemacht können diese Frauen also nicht haben. Von ihnen kann ich mir eine Menge abschauen.

Ich weiß allerdings auch, dass ich dabei meinen Ehrgeiz im Zaum halten und mich immer wieder fragen muss: Was ist noch Zielstrebigkeit, was schon Verbissenheit? Manchmal fällt mir eine Antwort schwer. Aus dem fleißigen Duracell-Häschen darf kein mechanischer Transformer werden, der nur noch ferngesteuert funktioniert und all das verleugnet, was ihn einmal ausgemacht hat. Es ist eine Gratwanderung, bei der ich jeden Schritt genau austarieren muss. Schließlich wird meine Zeit als Berufsnackedei – um das zu wissen, muss man nicht Nostradamus sein – in ein paar Jahren abgelaufen sein. Dann ist Micaela, die Königin von Silikonien, Vergangenheit. Dann gibt es vielleicht nur noch Mica, die Mama. Die ist die meiste Zeit angezogen und lebt mit ihren Kindern – am liebsten ein eigenes und ein adoptiertes – in einem eigenen kleinen Häuschen im Berliner Umland. In einer sicheren, überschaubaren Welt. Mit einem alten Baum im Garten. Und mit einem Hund, es muss ja kein Labrador sein. Wenn dann abends noch ein Mann nach Hause kommt, der mich aufrichtig anlächelt, weil er mich liebt, ist meine Welt perfekt.

Ach ja, bevor ich's vergesse ...

Mein liebes Gollum-Mädchen,
all die Jahre hast du mich nun begleitet. Du warst Aufrüttlerin und hemdsärmelige Krawallschwester, Trösterin und raffinierter Horizont-Öffner. Vor allem aber

warst du immer für mich da. Wie lange auch immer du mir noch erhalten bleibst oder wohin auch immer es dich in Zukunft verschlägt: Du hast auf jeden Fall immer ein Zuhause bei mir. Ich habe dir viel zu verdanken, das werde ich nie vergessen. Danke. Für so vieles ...

90 Prozent aller Tierarten sind kleiner als ein Fingernagel

Unnützes und sehr nützliches Wissen von NEON

978-3-453-60102-4

NEON
Unnützes Wissen
978-3-453-60102-4

NEON
Unnützes Wissen 2
978-3-453-60177-2

NEON
Unnützes Wissen 3
978-3-453-60284-7

NEON
Unnützes Wissen Fußball
978-3-453-60244-1

NEON
200 Tricks für ein besseres Leben
978-3-453-60136-9

NEON
Dr. Marco Moor
Lesen Sie mich durch, ich bin Arzt!
978-3-453-60257-1

Leseproben unter **www.heyne.de**

Überraschendes, Lästiges und Lustiges zum Thema Kinder – die besten Tipps, Tricks und Grafiken als Buch

978-3-453-60298-4

Kinder verändern das Leben radikal – doch das ist noch lange kein Grund, sich nur noch für Windelgeruch, Kinderwagenmodelle und Milchzähne zu interessieren. Ob es darum geht, als Familie zu leben, ein Paar zu bleiben oder wieder zu arbeiten, hier stehen Eltern und ihre Bedürfnisse im Mittelpunkt. Ein buntes Sammelsurium zum Schmökern, Schmunzeln oder Schenken für die neue Elterngeneration.

Leseproben unter **www.heyne.de**

Besuchen Sie den Heyne Verlag im Social Web

Facebook
www.heyne.de/facebook

Twitter
www.heyne.de/twitter

Google+
www.heyne.de/google+

YouTube
www.heyne.de/youtube

www.heyne.de

HEYNE ‹